김준현의 손

김준현의 손

손을 맞잡고 "더불어 함께 잘 살자"

 김준현 지음

따뜻한 정치, 행복한 경제를 향해 김준현이 건네는

정치 · 경제 · 문화 · 역사 · 여성 · 청년 정책 아젠다 30

Mindcube

정치란 손을 맞잡고 함께 외치는 함성
└ "손은 자유의 상징이요 정의를 일군 힘"

신혼 초, 아내가 벽에 못을 박아 달라고 했다. 나는 망치를 들어 못을 쳤지만 빗맞고 튕겨 나갔다. 얼마 후 가족 모임에서 아내는 "저이가 못 하나 제대로 박지 못하고 형광등 하나 제대로 교체하지 못한다"며 고자질(?) 했다.

"하하하, 그 애가 어렸을 때부터 원래 그랬습니다. 특히, 손재주가 별로 없어요."
아내의 푸념을 들은 형님의 반응이었다.

그랬다. 나는 어릴 적 귀하게 자라지도 않았지만 특별히 허드렛일을 도맡거나 거친 일을 해본 경험이 드물다. 대학시절 건설 현장 막일이 남학생의 인기 아르바이트 업종이던 적이 있다. 당시 건설 현장에는 늘 손이 모자라 일당을 후하게 쳐주던 시절이었기 때문이다. 하지만, 나는 일하는 것보다 놀고 먹는 데에 익숙했다. 그러면서 "일하지 않는 자여 먹지도 마라"고 열심히 외치는 관념 유희에만 머물 렀던 기억이 난다.

2019년, 지난 세월을 돌이켜보며 문득 '손'을 떠올린다. 제 손으로 무엇 하나 제대로 할 줄 아는 게 별로 없는 나로서 어떻게 살았는지 신기하다. 누구나 그렇듯이 나 역시 무엇 하나 제대로 이뤄내지 못 한 아쉬움이 짙다. 그러면서 간혹 내 손을 바라보면 "그래, 그때 그 랬지!"라며 여러 기억이 떠오른다.

내가 초등학교 3학년이던 어느 날 어머니가 고된 일을 마치고 집 에 오신 후 내게 샤프와 흰색 원고지를 건네 줬다. 몽당연필로 너덜 너덜한 갱지에 꾹꾹 글을 눌러 쓰며 숙제하던 내 모습이 안쓰러 웠던 게다. 당시 샤프와 흰색 원고지는 고급 학용품으로 부잣집 아이 들의 상징이었다. 나는 그날부터 흰색 원고지를 아껴가며 조심조심 글을 썼다. 하지만, 샤프와 흰색 원고지는 오래 가지 못했다.

결국, 몽당연필과 갱지로 돌아온 나는 오히려 편안해진 느낌에서투른 글씨 한자 한자 힘주고 눌러 쓰며 숙제를 했다. 그 때문이었을까? 나는 가운데 손가락 첫 번째 마디에 굳은 살이 박히는 영광(?)을 안게 됐다. 지금도 글을 쓸 때에는 손가락에 힘을 세게 쥐는 버릇이 있다. 어머니가 사주신 샤프와 원고지, 글공부에 전념하라는 메시지이리라. 글공부에 신통치 못했던 나로서는 어머니께 죄송할 따름이다.

대학교 2학년 봄, 당시 전방 입소 거부 투쟁이 한창이었다. 우리는 날마다 모여 집회와 시위를 하며 결의를 다졌다. 나는 철학과를 대표해 투쟁 대책위에 참여했다. 하루는 대책위가 집회에서 입소 거부 혈서를 쓸 것을 결의했다. 집회 열기 속에 각 과별 대표들이 단상에 나와 혈서를 쓰는 시간이 왔다. 나 역시 연필 칼로 네 번째 손가락을 긋고 흰 광목 천에 혈서를 썼다. 그런데, 피가 멈추지 않았다. 사전에 선배들이 가르쳐준 요령대로 하지 않고 나도 모르게 깊게 그은 것이다. 나는 대수롭지 않다는 듯이 휴지로 싸매며 투쟁의 선봉에 섰다. 하지만 그후 제대로 치료를 안 해 네 번째 손가락에는 투쟁의 흔적이 고스란히 남았다. 훗날 공장 노동자로 일하며 거칠어져 가는 손가락을 보며 투쟁의 흔적이 없어지지 않을까 걱정하기도 했다.

　정확히 기억나지 않으나 이십대 중반 언제였다. 지금도 그렇지만 당시에도 우리는 유난히 손금과 사주에 대한 관심이 많았다. 영등포 역에서 선후배들과 기차를 기다리던 도중 여자 선배가 손금을 볼 줄 안다며 재미삼아 일행 손금을 보고 미래를 내다보는 신비한 능력(?)을 보여 줬다. 나도 궁금한 터라 내 손바닥을 내밀자 그 선배는 몇 번 보더니 "전반적으로 부실해…"라며 놀렸다. 뭐가 부실한지 모르지만 어차피 재미였기 때문에 웃고 넘겼다. 그런데, 옆 벤치에 앉아 있던 남성이 다가와 함부로 사람 운명을 말하지 말라며 여자 선배를 나무랐다. 그러더니 대뜸 내 손을 펴보이게 하고 손과 얼굴을 번갈아 가며 한창 보더니 "부실해, 그런데 뭔가 이상해. 그게 뭔지는 잘 모르겠네!"라며 심각한 얼굴이 됐다. 어색해진 분위기에 우리는 자리를 옮겼다. 하지만, 나로서는 왠지 뒷덜미를 쥐는 것 같은 불안감이 몰려 왔다.

　나를 돌이켜보면 신기하다. 투철한 운동가의 삶을 산 것도 아니

오, 특정 분야의 전문가도 아니다. 번듯한 대기업이나 잘 나가는 직장을 다닌 적도 없다. 이십대 후반 몇몇 선배와 IT관련 사업한다며 열심히 일했으나 회사는 결국 망했다. 삼십대 후반 벤처회사 창업한답시고 그나마 없는 돈 털어 먹고 지금까지 가족을 고생시키고 있다. 거친 노동으로 '손'이 단련되지도 않았다. 손재주도 없어 특별한 기술도 지니지 못해 변변한 자격증 하나 없는 처지다. 그렇다고 명석한 두뇌의 소유자도 아니어서 매력적인 콘텐츠도 없다. 그저 범부(凡夫)로서 '평범한 운명'을 살았다고 고백하지 않을 수 없다. 오랜 친구들이 내가 정치를 한다고 했을 때 놀라는 이유다.

그렇다면, 나는 어떤 혁명을 꿈꿨나? 감히 말하건대 나는 초등학교 3학년때 운명은 '손'으로 만든다는 사실을 어렴풋이 깨달았다. 때문에 복잡한 '혁명'은 필요없었다. 오직, '손'으로 이루는 세상을 꿈꿨다고 말하고 싶다.

올바른 정치란 뜨거운 '가슴'으로 민초의 삶에 다가가야 이룰 수 있다고 한다. '머리'로만 정치하지 말라는 뜻이다. 맞는 말이다. 나는

'가슴'에 더해 '손'을 추가하고 싶다. 인류는 손이 자유로워지면서 비로소 자연의 굴레에서 해방됐다. 또한, 정의를 이뤄냈다. 이처럼 '손'은 자유의 상징이요 정의를 일군 힘이다.

우리네 '손'에는 세월이 녹아 있고 생명이 움터 있다. 혁명이 살아 있고 미래가 숨 쉬고 있다. 할머니의 거친 손은 풍파 속에 자식들을 키워온 생명이며 노동자의 굵은 손마디에는 강철마저 녹여낼 열기가 담겨 있다. 때문에 올바른 정치란 손을 맞잡고 "더불어 함께 잘 살자"는 외침이다. 그 외침으로 '평범한 꽃'이 더 아름다운 세상을 만드는 것. 내가 정치를 하는 이유다.

2019년 6월18일

김준현

얼마 전 문재인정부의 중소벤처기업부 장관을 맡게 되면서 자연스럽게 떠오른 한 사람이 있었다. 그는 늘 웃으면서 따듯하게 상대를 배려하는 결이 고운 사람이었다. 6년 전 서울 구로에서 '사람 중심의 경제 민주화'를 구현하자며 정운찬 전 총리를 비롯한 몇 몇 경제전문가들과 '동반성장'에 관한 실천방안을 모색할 때 그는 어김없이 자신의 자리를 꿋꿋이 지킨 반듯한 사람이었다.

그가 어느 날 오랜만에 연락을 해와 책을 내기로 했다며 '추천사'를 부탁해 왔을 때 '그래 지금 우리가 필요로 하는 분이 이분이지' 하는 생각을 지울 수 없었다. 늘 의미 있는 도정 활동과 중소기업 전문가로서의 식견을 기업 현장에서 십분 발휘하는 동반성장 경제전문가 김준현 김포을 지역위원장. 이번에 그가 펴내는 《김준현의 손》엔 그만큼 따듯하고 훈훈한 대−중소기업 동반성장에 관한 주목할 만한 정책 아젠다가 책 곳곳에 촘촘히 자리 잡고 있다.

무엇보다 김준현 위원장이 동반성장 경제전문가로서 늘 주장해 왔던 '중소기업을 살려야 좋은 일자리를 만들 수 있다'는 지론은 현 문재인정부의 핵심 경제기조이기도 하다. 그는 경기도 의회에서, 김포에서 한결같이 '좋은 일자리는 공정한 경제에서 나오며' '이를 실현하기 위해선 대–중소기업 동반성장 지원정책들을 구체적으로 현장에 맞게 펼쳐야 한다'고 힘주어 말한다.

촛불시민혁명으로 들어선 문재인 정부는 "사람 중심의 혁신경제를 표방하면서 다 함께 잘 사는 포용적 혁신국가를 만들겠다."는 아젠다를 제시했다. 그리고 이를 위한 실천방안으로 소득주도성장, 일자리주도 성장과 혁신성장을 내세웠다. 여기서 우리가 주목해야 할 부분은 소득주도성장이나 일자리성장, 혁신성장은 모두 대기업과 중소기업의 상생과 공존이 필요한 부분들이라는 것이다.

소득주도성장이나 혁신성장, 일자리성장은 뿌리를 놓고 본다면 골고루 된 분배가 없이는 불가능하다. 소득주도성장은 말 그대로 서민의 임금을 올리자는 것인데 이는 결국 대기업의 이익을 좀 더 나누자는 의미가 강하다. 혁신성장 역시 벤처기업들이 자유롭게 창업하고 성장할 수 있는 생태계를 조성하겠다는 것이며, 이 또한 대기업이 갖고 있는 혁신역량과 인프라들을 나누고 공유할 필요가 있다. 마찬가지로 일자리성장도 대기업과 중소기업이 함께 일자리 창출을 해야 한다는 의미이다.

이처럼 현실적으로 대기업의 경제적 위치를 인정하고, 동시에 중소기업과 대기업이 공존하고 함께 성장할 수 있는 모델을 하나씩 만들어가야 우리 경제가 건강한 경제생태계로 발전할 수 있을 것이다.

김준현 위원장의 중소기업 살리기 해법은 구호와 선언으로 그치는 기존의 정치인과는 다른 현실적이고 균형 잡힌 '일하는 사람들'을 위한 구체적인 실현방안을 담고 있다.

경기도 의원으로 활동하면서 가장 먼저 내놓은 '대-중소기업 동반성장 조례'가 그렇고, 경기도 기업지원센터 건립, 소상공인을 위한 체인형 협동조합 제안 등이 그러하다. 그만큼 현장에서 직접 듣고 발로 뛰며 깨달은 '사람 중심 경제'의 방향을 제대로 짚는 탁월한 식견이 그의 정책 제안들을 설득력 있게 받아들이게 만든다.

대나무는 속이 없는 것이 아니라 스스로 속을 비운 것이다. 대나무는 4년을 땅 속에서 더디 자라지만, 지상으로 솟는 순간 거침없이 하늘을 찌른다. 갈대도 거친 바람에 휘어지거나 부러지지 않는다. 대나무와 갈대의 힘은 깊은 데서 나온다.

김준현 위원장의 경제전문가로서의 면모는 대나무의 스스로 비우는 법을 잘 아는 선비의 삶 같다. 그는 경기도에서, 김포에서 중소기업 경제전문가로서의 경제철학과 현장경험을 잘 녹여내 '국민이 행복한 따뜻한 경제공동체'를 일구기 위한 거침없는 도전을 시작했다.

아무쪼록 '경기도가 입증했고, 김포가 원하는 준비된 정치인' 김준현 위원장의 따뜻한 경제 만들기가 아름다운 결실을 맺을 수 있기를, 책 제목대로 그를 필요로 하는 중소기업인과 소상공인, 여성, 청년, 노동자, 농민, 주부들에게 맞잡고 나누고 가리키는 정의로운 손이 되기를 진심으로 기대해본다.

2018년 6월 10일

박영선(벤처중소기업부 장관·국회의원)

차 례

저자 서문 정치란 손을 맞잡고 함께 외치는 함성 · 4

추천사 · 10

맞잡은 **손**

경기도의 가치, 대-중소기업 동반성장에 있다 · 20 | 대기업과 중소기업이 함께 잘사는 경제 · 26 | 중소기업이 살아야 경제가 산다 · 33 | 자영업의 위기를 소상공인 협동조합으로 극복하자 · 38 | 정치인은 책임을 지는 사람 · 43 | 경기도 도의원이 되다 · 49

나누고 보듬는 **손**

김포를 뒤집으면 김포가 보인다 · 60 | 김포, 남북통일경제특구의 중심! · 66 | 노동하기 좋은 도시, 기업하기 좋은 도시 · 70 | 지하철 5호선 김포 연장에 대하여 · 74 | 시민이 주인되는 지방자치가 답이다 · 79 | 지금 김포 자영업자에게 필요한 것은 · 84 | 여성친화도시로 자리매김하기 위한 조건 · 90 | 보육인이 행복해야 아이도 행복하다 · 96 | 복지는 생명을 보듬는 경제민주화의 꽃이다 · 101 | 읽고 쓰고 나누는 인문학도시 김포 · 108 | 지금 김포가 해결해야 할 과제는 · 112

정의로운 **손**

어머니의 손 · 120 | 국민이 외치는 리셋코리아 · 130 | 경제가 곧 정치다 · 135 | 정치를 한다는 것은 잘사는 나라를 만드는 것이다 · 142 | 대한민국 경제성장 모델은 수정되어야 한다 · 147 | 벗이여, 새날이 온다 · 152 | 내 인생의 책 · 156 | 나를 든든하게 하는 손 · 159

가리키는 **손**

3.1만세혁명으로 가는 길 · 166 | 한반도 평화 정착을 위하여 · 172 | 여성과 남성이 상생하는 아름다운 길 · 185 | 힘들어하는 청년들을 위하여 · 189 | 문화, 지원하되 간섭하지 않는다 · 195 | 진정한 지방분권시대를 맞이하려면 · 199

기고문

새 정부의 경제정책, 중소기업 강화로 이어져야 · 206 | 경기도형 대─중소기업 동반성장 모델 만들어야 · 210 | "협치(協治)는 시대정신" · 213 | 4차 산업혁명과 대한민국 리빌딩 · 217 | 자치조직권 확대로 시민주도 경기도 예산돼야 · 221 | 청년 일자리, 주4일 근무제로 가능 · 224 | '보편적 복지'는 구조조정 성공의 전제조건 · 228 | 광복 70주년, 김포의 미래는 남북경제협력특구 · 231

맞잡은 손

함께 잘사는 따뜻한 경제는 도덕적 상거래 경쟁 속에서 자율관리의 사례들이 작동할
수 있는 사회가 돼야 이룩할 수 있다. 그 중심에는 사회적 기업이나 협동조합 같은 따
뜻한 경제가 그 몫을 담당할 수 있을 것이다.

경기도의 가치

대-중소기업 동반성장

경기도의회

동반성장

중소기업

자영업

소상공인 협동조합

체인형 협동조합

경기도 경제과학진흥원

김포시민광장

소명으로서의 정치

경기도의원

○ 경기도의 가치, 대─중소기업 동반성장에 있다

중소기업을 살려야 좋은 일자리를 만들 수 있습니다. 좋은 일자리란 공정한 경제에서 나옵니다. 이를 위해 경기도 경제민주화추진위원회를 구성해야 합니다. 그리고 그 산하에 경기도 대─중소기업 동반성장 지원센터, 경기도 기업의 사회적 책임 지원센터, 경기도 비정규직 지원센터, 경기도 을(乙) 지원센터 등을 신설 또는 강화해야 합니다. 그 중 기업의 사회적 책임은 대기업에게만 적용되는 일종의 규제로 오해하는 경우가 많습니다. 기업의 사회적 책임은 지역사회, 노동자, 소비자 등 다양한 이해관계자와 긴밀한 관계를 맺고 양심적으로 경영하는 것을 말합니다. 이는 현대 선진경영의 기본입니다.

- 김준현 경기도 도의원, 의회 5분 발언 중에서

2014년 7월, 경기도 의회가 열린 날, 선거운동을 하면서 일일이 제 손을 잡아주셨던 김포의 마을회관 어르신들과 시장통 아주머니, 한강신도시 아파트 주부, 직장으로 바쁜 발걸음을 옮기던 직장인들이 떠올랐다. 그분들은 어떤 모습에서 소중한 한 표를 건네주셨을까? 김포의 들녘에서 풀베기를 하던 투박한 농부의 손, 북변동 백년의 거리에서 기타를 치던 젊은 음악인들의 손, 코흘리개 아이 손을 잡고 유치원으로 향하던 어머니의 손, 아파트 공사현장에서 공구를 다듬던 공사장 인부의 손, 뜨거운 열기를 식히며 열심히 선반을 두드리던 노동자의 손, 그 모든 손에는 저마다의 행복을 바라는 간절한 소망들이 담겨 있다.

의원 선서를 하는 동안 '김포와 경기도의 가치'를 올리는 역할이 내 소명이라고 생각했다.

경기도, 한국 경제의 1/3로 동반성장 구현 최적지

경기도는 1,400만 명의 인구와 약2500억 달러의 무역 규모, 330조원의 지역내 총생산(GRDP) 등 우리나라 전체 경제의 약 1/3을 차지한다. 또한, 165개 대기업과 약 2만4천여 중소제조기업이 있으며 이는 우리나라 전체의 35%를 차지한다. 제조기업의 연간 부가가치액은 154조원(대기업 75조, 중소기업 79조)으로 우리나라 31%에 해당하며 대한민국 제조업의 엔진이라 할 수 있다. 이들 경제지표를 종합하면 경기도는 세계 26~27위권의 경제 규모를 자랑한다.

이처럼 경기도는 대한민국 경제의 축소판이나 다름없으며, 동반성장을 주장해온 나로서는 동반성장을 제대로 구현할 수 있는 최적의 지역이라고 판단했다.

경기도의 경제여건을 감안하여 나는 경기도 의회 상임위원회를 경제과학기술위원회로 정하고 의정활동의 첫 발걸음을 뗐다. 경제과학기술위원회는 경기도 내 중소기업과 소상공인을 지원하는 곳으로 관련 조례를 만들고 사업과 예산을 심의한다. 의원 임기를 시작해 처음 제정한 조례는 '경기도 대-중소기업 동반성장 지원에 관한 조례'였다. 2014년 12월까지 조례 제정을 위한 준비를 마치고 2015년 1월 본회의에 제출했다. 그 결과 전국 최초로 대-중소기업 동반성장에 관한 지원 조례가 만들어졌다. 한국지방자치학회가 이 조례를 높이 평가해 2016년 우수조례상을 수여했다.

중소기업 위한 대─중소기업 상생협력방안 절실

대─중소기업 동반성장은 대기업의 의지가 제일 중요하다. 대기업 경영진이 상생을 위한 동반성장을 받아들일 자세가 돼 있어야 한다. 하지만, 단순히 대기업의 선한 의지만 기대할 수 없다. 대기업이 동반성장을 하도록 유인하는 제도가 필요하다. 동시에 중소기업 이익을 보장해 줘야 한다. 혁신은 대기업이 아닌 중소기업에서 일어나야 하기 때문이다. 우리나라는 대기업이 혁신을 일으키고 중소기업이 쫓아가는 수직 하청 구조가 주를 이룬다. 중소기업이 단순한 대기업 납품처로 존재한다. 이와 반대로 해외 선진국은 기술혁신과 공정혁신, 새로운 제품이 중소기업에서 비롯된다.

우리나라는 지난 1960~70년대 산업화 시대에 대기업 위주의 경제성장이 이뤄져 그 과실이 중소기업과 노동자들에게도 확산되는 '낙수효과'가 잘 이뤄졌다. 지금도 간혹 7~80년대 호황을 회상하는 기업인들을 만나는 이유다. 하지만, 1990년대에 접어들며 상황은 달라졌다. 중소기업의 몰락이 본격화됐다. 그 결과 생산성이 매우 낮은 영세기업들이 빠르게 증가해 1994년을 기점으로 전체 사업체의 절반을 넘기 시작했다. 또한, 중소기업의 생산성은 꾸준히 떨어져 1999년 대기업대비 26~35% 수준에 머물렀다. 이에 반해 고용 비중은 대기업이 크게 줄고 중소기업, 심지어 영세기업에서 크게 늘어나는 현상이 일어났다. 다시 말해 대기업 종사자는 줄고 중소기업 종사자가 늘었다는 뜻이다. '99-88'(사업체의 99%, 종사자의 88%가 중소기업)이란 신조어가 만들어진 배경이다.

이는 1980년대 말 대기업의 시장지배 전략이 바뀌면서 시작됐다. 대기업은 1987년 노동계 저항에 직면해 직접 고용과 직접 생산은 줄이고 연구개발과 생산의 핵심공정분야에 집중하는 전략을 채택했다. 그리고 소재·부품 조달 및 고용은 중소기업에 넘기는 이른바 하도급 거래를 강화하는 방식을 채택했다. 이때부터 하도급 불공정 시비가 곳곳에서 일어나고 생산성을 둘러싼 중소기업 노-사 분쟁이 빈번해지기 시작했다. 연명 수준의 '을사(乙死)조약'이란 신조어가 등장한 시기도 이때다. 중소기업 몰락과 영세화가 빠르게 일어난 이유다.

1990년대부터 낙수효과는 수명을 다한 채 대기업의 시장 독과점은 더욱 심해졌다. 그 최종 결과는 비정규직의 양산과 저임금·장시간 노동의 일상화다. 소득주도 성장이 중소기업을 위한 제도임에도 중소기업에서 환영받지 못하고 반발하는 이유가 여기에 있다.

중소기업이 이익을 남기기 위해서 하는 첫 번째가 인건비 절감이다. 대기업이 납품단가를 터무니없이 깎으니까 중소기업은 이익을 내기 위해 인건비를 줄일 수밖에 없다. 1980년대 후반까지는 중소기업 급여수준이 대기업의 80% 안팎이었으나 지금은 54% 수준이다. 두 번째는 장시간 노동이다. 우리나라 연간 근로시간이 2017년 2024시간으로 경제협력개발기구(OECD) 국가 중 세 번째로 길다. OECD

평균 근로시간(1759시간)보다 265시간 더 일한 셈이다.

중소기업 혁신은 아예 꿈도 꾸지 못한다. 1997년 외환위기 이전까지 50%가 넘던 설비투자는 현재 40%에 머무르고 있다. 다시 말해 전체 중소기업의 60%는 아예 설비투자를 안 한다는 것이다. 설비투자액은 더욱 심각해 2017년 설비투자액은 전년 대비 14%나 줄었다. 이는 설비투자를 하더라도 핵심 장비나 공정보다는 창고 증개축 등 시설투자에 집중하고 있다는 뜻이다. 연구개발(R&D) 투자도 꾸준히 줄어 2017년 기업당 평균 R&D비 3억4천만원, 연구인력 평균 4.3명으로 십년 전보다 절반으로 줄었다.

이렇듯 중소기업이 공정혁신·연구개발보다는 저임금 장시간 노동으로 이익을 내려다보니 근로환경이 열악할 수밖에 없다. 청년들이 중소기업에 취직하려 하지 않는 건 당연한 일이다. 이러한 악순환이 이어지며 중소기업은 구인난, 청년들은 구직난을 겪게 되는 미스매칭이 발생하는 것이다. 그렇다면, 중소기업과 노동자가 살기 위한 대안은 무엇인가?

경기도의회 의정활동

그리스 헬레니즘 조각의 3대 거장인 라시포스의 〈카이로스〉 조각상엔 기회의 신 카이로스가 '인생의 기회'에 대해 말한 명언이 새겨져 있다.

"그대 이름은 무엇인가?"

"내 이름은 기회다."

"왜 발에 날개가 달렸는가?"

"빨리 사라지기 위해서다."

"왜 앞머리는 무성한가?"

"내가 오는 것을 보면 누구든지 쉽게 붙잡을 수 있도록 하기 위해서다."

"왜 뒷머리는 대머리인가?"

"내가 지나간 뒤에는 사람들이 붙잡을 수 없게 하기 위해서다."

한때 〈디지털밸리뉴스〉란 언론사에서 근무한 적이 있다. 구로디지털 단지 내 2만여 IT 기업과 경제인을 취재하고 중소기업청과 산업부를 드나들며 기사를 작성했다. 2013년 봄 우연히 정운찬 전 국무총리를 인터뷰했다. 당시 정 전 총리는 (사)동반성장연구소를 설립해 본격적인 동반성장 전도사(?)로 나설 때였다. 나는 인터뷰 전까지 '동반성장'이라는 말 자체가 낯설었다. 직관적으로 다가오는 의미 그 이상의 의미를 부여하지 않았다. 하지만, 정 전 총리는 내게

'동반성장'이 왜 필요하고 이를 어떻게 제도로 구현할 것인지 들려 줬다. 그 인연으로 정 전 총리가 주도한 '동반성장포럼'에도 참여하기 시작했다.

동반성장, 대−중소기업 불평등 거래 해소를 위한 대안

나 역시 벤처기업을 운영한 경험에 비춰 대−중소기업 간 불평등한 거래 관행이 어떤 것인지 몸소 체험했다. 또한, 취재를 통해 대기업 갑질 횡포로 꽤 많은 기업들이 어려움을 겪고 있다는 사실을 알고 있었다. 이는 '재벌 해체'라는 진보적 경제 아젠다에 집중하게 된 이유였다. 하지만, 이는 우리나라 경제구조를 무시한 순진한 발상이다. 재벌해체를 부르짖고 권리투쟁에 집중할수록 대기업 독점은 심화됐고 저임금 장시간 노동자만 느는 역설이 발생하고 있기 때문이다. 대안 없이 재벌해체만 부르짖는 기존 진보학자들에 실망한 이유다.

이런 와중에 동반성장의 주요 정책 대안은 곱씹어볼 필요가 있었다. 예를 들어 현재 동반성장 정책 가운데 두 가지 정책이 가장 핵심인데, 하나가 '중소기업 적합 업종'이고 다른 하나는 '초과 이익 공유제'다. 중소기업 적합 업종은 「대·중소기업 상생협력 촉진에 관한 법률」에 따라 2011년부터 시행하고 있으며 현재 74개 품목에 대해 대기업의 진출을 막고 있다.

'초과 이익 공유제'는 아직도 시행하지 못하고 있다. 이 제도는 대기업이 거둔 이익을 중소기업과 함께 나눈다는 개념이다. 즉, 중소기업과 대기업이 서로 기술과 신제품 개발을 공유하면서 혁신을 이끌어내고, 그에 따라 상호 약정한 이익보다 더 많은 이익을 남겼을 때 그 이익을 나누자는 제도다. 2011년 정 전 총리에 의해 제안됐으나 대기업과 보수 정치세력이 기를 쓰고 막고 있다. 이 제도를 두고 이건희 삼성그룹 회장은 "사회주의 경제에도 없는 말을 한다"고 공격할 정도였다.

동반성장포럼과 함께한 경제민주화의 주역들

2013년 5월 정운찬 전 총리는 동반성장포럼을 발족했다. 제2회 때 고 노회찬 의원이 주제 발표한 바 있고 구로를 지역구로 둔 박영선 의원이 주로 참여했다. 나 역시 자주 참여하며 경제민주화와 동반성장에 관한 깊은 담론들을 연구했다.

동반성장포럼이 지금까지 60회를 이어오는 동안 쏟아진 숱한 의제는 대한민국 경제의 새로운 지평을 여는 계기를 마련했다. 조순 전 부총리를 비롯해 김상조 공정거래위원장, 박영선 중소벤처기업부 장관도 포럼을 자주 참석해 대한민국 경제의 방향을 제시했다. 특히, 김상조 공정거래위원장은 동반성장을 진보진영에서도 '적극적으로 끌어안아야 할 아젠다'라고 보고 있다.

나는 경기도의원에 당선된 후 포럼에서 얻은 영감을 바탕으로 '경기도 대-중소기업 동반성장 지원에 관한 조례'를 제정했다. 남경필 지사도 동반성장 필요성을 느껴 적극적인 의지를 보였고 그 결과 정운찬 전 총리가 경기도 동반성장 사업에 많은 도움을 줄 수 있었다.

조례 제정 후 네가지 대-중소기업 간 상생협력 프로젝트를 만들어 주도적으로 진행했다. 구체적인 내용을 보면 첫째, 대-중소기업 간 진행했던 그룹 워킹데이 프로젝트다. 경기도 소재 기업을 자동차, 전자, 화학, 건설, 유통 등 5개 분야로 나눠서 동반성장문화를 확산시키고, 관련된 사업을 논의하는 프로젝트였다. 예를 들어 전자분야의 그룹 워킹데이에는 삼성전자와 관련 중소기업이 진행하고, 건설분야의 그룹 워킹데이에는 GS 건설과 관련 중소기업들이 동반성장을 위해 함께 자리를 마련해 실무적인 동반성장 모델을 발굴해 적용하는 방식이다.

둘째, 동반성장 유통데이 프로젝트다. 대형 유통사(이마트 등)의 MD와 경기도 내 중소기업이 구매상담회를 진행하는 것이다. 이는 경기도 내 중소기업 우수 제품을 대형 유통사 MD가 채택해, 대형 마트에서 특별전으로 판매하는 일종의 상품 구매 전시회 성격을 띠는 행사였다.

셋째, 골목상권 보호를 위한 지역경제 동반성장 프로젝트다. 대형 유통사로 인해 어려움을 겪을 수 있는 전통시장이나 소규모 소상공인들을 보호하고 지원하면서, 동시에 함께 상생할 수 있는 방법을 모색하는 프로젝트로 포럼을 운영하고, 캠페인도 진행하면서 상권보호 차원의 작업을 함께 진행했다.

마지막으로 불공정 거래 신고센터 운영사업이다. 경기도 내 대기업의 불공정 하도급 거래관행 개선을 위한 신고를 받고 계도하는 사업으로 공정위와 합동으로 진행했다.

경기도에 있는 대기업은 이 동반성장 조례의 영향을 받지 않을 수 없다. 경기도는 공공구매 시 여성기업인지, 장애인 고용촉진기업인지 등등의 조건에 따라 가점을 주는 가점제도를 시행 중인데, 대기업의 경우에는 동반성장지수 항목을 추가하도록 조례에서 권고하고 있기 때문이다. 동반성장지수는 동반성장위원회에서 발표하는 지표로, 경기도 공공구매 시에 가감점을 하고 편입해서 신청할 수 있도록 조례에 지정해 뒀다.

현재 진행 중인 사업도 있고 중간에 마무리된 사업도 있기 때문에 이 프로젝트들이 성과를 충분히 거뒀다고 평가하기 이르다. 하지만, 성과 여부를 떠나 동반성장에 대한 인식을 일깨우고 부족하나마 제도로 이를 뒷받침함으로써 경기도 중소기업의 경쟁력 강화에 도움이 됐기를 바랄 뿐이다.

경기도의회 의정활동

우리 헌법은 경제적, 사회적 약자와 취약계층 보호를 위한 각종 사회적 기본권을 구체적으로 보장하고 있다. 나아가 동반성장의 원리를 실현하기 위한 방안의 하나로서 소비자, 농어민, 중소기업자 등 경제적 약자가 그들의 경제적 생존권을 확보하고 사회경제적 향상을 도모하기 위한 협동조합 등의 자조조직을 결성할 수 있도록 허용하고 있다.

이를 국가가 법적으로 보장해 주어야 한다는 의미에서 국가는 그 자조조직의 자율적 활동과 발전을 보장할 의무를 부과하고 있다.(헌법 제123조 제5항, 제124조). 또한 지역 간 균형 있는 발전을 위한 지역경제 육성의무 규정(헌법 제123조 제2항) 등도 동반성장의 원리를 뒷받침하는 헌법적 근거로 보아야 할 것이다.

현장에서 느끼는 동반성장의 필요성

경기도의원이 되고 얼마 후 김포의 중소기업을 방문한 적이 있다. 기업 대표는 평소 친분이 있던 터라 격의 없이 대화를 나누던 중 느닷없이 "김 의원, 나 이제 회사 때려 칠란다"는 충격적인 선언(?)을 했다.

그 기업은 20년간 국내 자동차 대기업에 부품을 납품하는 회사였다. 당황한 나는 "갑자기 무슨 말씀이십니까?" 하고 물었다. 그 분은 농담이 아니라며 더 이상 연명 수준의 납품단가로는 지긋지긋해서 사업 못하겠다는 절망어린 목소리로 대답했다.

그 분의 절망이 대다수 중소기업이 처한 현실이다. 대기업들은 거의 분기마다 원가절감이라는 명목 아래 하도급 업체를 대상으로 '납품단가 후려치기'를 한다. 기업을 방문해 나사와 볼트까지 쓸어가며 자질구레한 원자재의 장부까지 내놓으라며 쥐어짠다. 또한 온갖 회계장부와 영업 관련 서류를 내놓으라며 중소기업을 옴짝달싹 못하게 한다. 내게 하소연했던 대표님은 20년을 대기업으로부터 시달리며 회사가 성장은 커녕 죽지도 못하는, 연명수준으로 이어져 왔다고 털어놨다.

경기도 중소기업이 전하는 동반성장 성과 사례

대기업들의 동반성장에 대한 인식은 예전보다 좋아지기는 했으나 여전히 갈 길이 멀다. 그나마 내가 제정한 '동반성장 지원조례'로 변화가 일어나고 있다는 소식이 들려와 일말의 희망을 안겨주고 있다.

경기도에는 대기업 화장품 회사와 중소 규모의 화장품 제조 및 판매 기업이 많다. 그 중 경기도 화장품공업협회라는 단체에서 조례에 따른 동반성장 지원으로 시장개척 등에 많은 도움이 됐다는 이야기를 전달해 줬다.

또 수원산업단지 내에는 삼성전자와 거래하는 중소기업들이 많다. 2015년 가을 무렵 수원산업단지기업협의회 요청으로 동반성장에 대해 강연한 적이 있다. 강연이 끝나고 몇몇 대표께서 내게 경기도 공정경제팀이 삼성전자와 동반성장과 관련한 사업과 자리를 만들어 주고, 그로 인해 거래 관행이 조금씩 개선되고 있다는 이야기를 들려 줬다.

안양의 전통시장 상인연합회에서도 평가를 들려준 적이 있다. 주로 대형마트와 함께 상생하는 방안을 찾고, 실질적인 지원으로 전통시장이 살아날 수 있도록 하는 내용이 주를 이루었다.

또 다른 경기도 주요 경제정책, 경기도 유망중소기업 지원조례

경기도 중소기업 경쟁력 강화는 동반성장만으로 이루어질 수 없다. 독일 경제를 떠받치고 있는 미텔슈탄트(Mittelstand)처럼 경기도 중소기업을 강소기업화 해야 한다. 이를 위해 경기도 유망 중소기업을 위한 제도를 마련하기 위해 2016년 「유망중소기업 지정 및 지원에 관한 조례」를 만들었다. 이 제도는 몇 가지 기준(기술력, 매출액, 고용환경 등)에 따라 중소기업을 평가해 경기도가 유망 중소기업으로 인증하는 제도다. 유망 중소기업에 선정되면 경기도 공공구매에 가점을 받거나 금리우대와 해외시장 개척지원 등 다양한 지원을 받게 된다. 이 제도 역시 기업으로부터 큰 호응을 받았다.

경기도 경제실 직원들이 이 조례로 많은 기업들이 중국이나 유럽 등 해외시장 개척에 도움을 받았다고 들려줬다. 이처럼 유망 중소기업 제도는 경기도형 강소기업을 발굴해 지원하는 경기도 중소기업 경쟁력 강화를 위한 제도라고 할 수 있다.

재벌은 늘 규제 개혁을 요구한다. 하지만 기득권을 양보할 생각은 없다. 중소기업과 자영업자의 어려움은 재벌의 '갑질'에서 비롯됐고 이는 기득권을 버릴 생각이 없기 때문이다. 기득권 혁파 없이 변화와 혁신은 불가능하다. 하지만, 기득권 혁파가 쉽지 않다는 데 문제가 있다. 기득권 혁파로 잃을 이익은 직접적이고 분명해서 반대는 세력화되고 격렬한 반면, 이로 인해 새로운 기회와 이익을 얻을 국민은 잠재적이고, 지지는 심정적이기 때문이다. 국민이 지지하고, 기득권 혁파의 효과를 국민이 체감하려면 전략적이고 점진적으로 작은 것부터 하나하나 추진해 나가야 한다.

여성기업인, 노동자들과의 만남

 자영업의 위기가 어제 오늘의 이야기는 아니다. 우리나라 자영업자 비중은 2018년 기준 25.4%로 OECD평균(15.5%)을 훨씬 웃돌고 있다. 최근에는 구직난에 시달린 청년들이 자영업에 뛰어들어 시장의 경쟁이 더욱 치열하다. 더구나 대기업까지 골목상권에 침투해 그야말로 자영업자의 고통은 이루 헤아릴 수가 없다. 골목상권의 불공정거래도 자영업자를 괴롭히는 요소다. 최근 실태조사에서 밝혀졌듯이 가맹본부의 '갑질 횡포'는 여전히 현재진행형이다.

 정책 당국자가 힘을 못 쓰고 있을 때 자영업자 스스로 위기를 뚫고 나가야 한다. 그 해법의 하나로 소상공인 협동조합을 들 수 있다. 이는 소상공인들이 협동조합을 결성해 생산성과 수익성 향상, 안전성 제고를 꾀하는 방식이다. 참고로 현재 전국적으로 1만368개의 협동조합이 설립됐으며 경기도도 1618개의 일반 협동조합이 있다.

소상공인 협동조합의 3가지 장점과 정책 개선 사항

 '소상공인 협동조합'은 다른 협동조합과 달리 세 가지 특징을 지닌다. 첫째, 협동조합의 이익이 개인사업자의 이익으로 귀결된다. 즉, 협동조합을 개인 사업체의 이익을 위한 수단으로 삼을 수 있다. 둘째, 구성원이 다양하다. 지역마다 동종(同種) 혹은 이업종(異業種) 간 네트워크로 구축되어 있어 서로 자본과 상품, 시장 정보 등을 공유한다. 셋째, 단순한 공동사무행정에 그치는 경우가 많다. 각종 원자재 공동구입 등 단순 수탁 사무 집행자 역할에 머물거나 공동납품 계약 당사자에 머무는 경우다.

그러나 최근 조사에 따르면 경기도 소상공인협동조합의 64%가 조합원 10명 미만이며 76%가 조합 직원이 없는 상태다. 조합당 출자금은 2,900만 원에 불과하며 조합원 한 명당 출자금은 77만3천원으로 극히 미미하다. 경기도의 소상공인 지원업무는 '경기도 경제과학진흥원'이 담당하고 있는데 반해 협동조합 지원업무는 '경기도 따복지원센터'가 맡고 있다. 하루 빨리 두 기관이 소상공인 TF를 구성해 적극적으로 지원에 나서야 할 때다.

이를 통해 △ 협동조합 조합원 확대, 연합회 설립 △ 공동마케팅, 상품개발, 생산관리 등 전담 전문인력 확보 △ 품질 혁신, 공유가치 다양화 등 상품 경쟁력 제고 등 정책 과제들을 발굴해야 한다.

체인형 협동조합으로 소상공인 어려움 뚫어야

중소기업 경쟁력 강화와 함께 중요한 분야가 소상공인 지원과 사회적 경제다. 경기도의원 시절 동료 의원들과 함께 경기도 사회적 경제기금을 조성했고, 사회적 경제 육성을 위해 사회적 경제 사업과 예산을 대폭 늘려 시행토록 했다.

특히, 어려움을 겪고 있는 소상공인을 위한 체인형 협동조합을 집중적으로 연구했다. 우리나라 소상공인 대다수는 가맹점 형식으로 존재한다. 이에 따라 프랜차이즈 갑질이 사회적으로 큰 문제가 되고 있다. 심지어 극단적인 선택을 하는 사람까지 나타났다. 때문에 소상공인이 맘 편히 장사할 수 있으려면 갑질 근절이 이뤄져야 한다. 이는 가맹점 본사와 거래관계의 공정성을 꾀하는 제도로서 구현될 수 있다.

이와 함께 소상공인들에게 체인형 협동조합을 보급하는 게 중요하다. 체인형 협동조합이란 시군별 같은 업종의 소상공인들이 협동조합을 결성해 공동 브랜드로 영업하는 방식을 말한다. 본인들이 조합비도 내고, 공동으로 구매도 하고, 공동으로 판촉도 하고 이익도 나누는 것이다. 유럽의 경우 소체인형 협동조합이 일반화 돼 있다. 독일의 하게바우(Hagebau, 건축자재소매업협동조합)이 대표적인 사례로 1964년 34개 건축자재 전문점으로 시작했으며 현재 유럽 전역에 걸쳐 1,760개의 매장을 거느리고 있다.

여기에 더해 실제적인 협동조합 입주를 위해 사회적 경제 복합지원센터를 지역마다 마련해야 한다. 동시에 한시적으로 소상공인 협동조합 운영 인력을 지원하고 장기적으로는 인력 양성에 초점을 맞춰야 한다.

사회적 경제 금융 제도화에도 적극 나서야 한다. 자금지원에 있어 사업모델에 대한 지원과 함께 엄정한 평가가 뒤따라야 한다. 이는 소상공인 지원업무에 상당한 노하우를 갖고 있는 경기도 경제과학진흥원이 경기도형 사회적 금융 제도 설계에 함께 참여함으로써 가능하다.

자본주의가 가져온 물질적 성공은 '경쟁'으로부터 시작됐다. 애덤 스미스는 경쟁에 기초한 '상업사회'가 하층 농부조차도 예전 유럽의 왕자보다 더 잘살게 만들어주는 물질적 성과뿐 아니라 상업활동을 벌이는 사람들 사이에 협동하고 절제하며 다른 요구에 맞출 줄 아는 새로운 도덕성을 만들어낼 것이라고 기대했다. 애덤 스미스가 경쟁이 가져올 물질적 도덕적 성과에 대해 낙관적인 기대를 가질 수 있었던 것은 경쟁이 전체 파이의 크기를 키울 수 있다고 믿었기 때문이다.

하지만 언제부터 경쟁은 그가 바라봤던 모습과 사뭇 다른 양상으로 진행됐다. 경쟁은 전체 파이의 크기를 증가시키는 수단이기보다 주어진 파이에서 각자의 몫을 증대시키는 수단으로만 기능하기 시작했다. 의자의 수를 늘리지 못한 채 모자란 의자를 놓고 서로 뺏는 양상으로 진행되는 게임 속에서 우리의 미래는 어두울 수밖에 없다.

도덕적 상거래 경쟁 속에서 자율관리의 사례들이 이러한 문제를 해결할 수 있는 실마리를 제공해 준다. 그 중심에는 사회적 기업이나 협동조합 같은 따뜻한 경제가 그 몫을 담당할 수 있다. 자본의 속물적 약탈근성을 잠재우고 남을 중요시하는 사람들을 키우는 사회가 어떻게 잘 작동되게 하느냐에 대한 고민이 점점 더 중요해지는 시기다.

소상공인 대상 상담

프랑스 철학자 알랭 바디우(Alain Badiou)는 지금 우리에게 필요한 것은 '용기'라고 말했다. 바디우는 '용기'야말로 우리가 견지해야 할 가장 중요한 역량이라고 강조한다. 이는 곧 무너져버린 이념을 다시 세우기 위해 필요한 시민의 태도가 다름 아닌 '용기'라는 의미다. 슬라보예 지젝(Slavoj Zizek)은 "우리는 언제나 위대한 일을 하고 있다는 믿음으로 행동해야 한다"고 한 말에 공감한다. 바디우가 말하는 용기나 지젝이 설파하는 위대한 일에 대한 신념은 전적으로 실패를 다시 한 번 되풀이할 수 있는 마음가짐에서 나온다고 본다. 용기와 역량은 저절로 주어지는 것이 아니다. 역량은 갈고 닦아야 빛나는 것이다. '용기'는 낡은 것에서 새로운 것을 발견할 수 있는 성찰과 사유에서 비로소 자신 안에서 싹틀 수 있다.

노무현 전 대통령의 서거를 통해 깨달은 민주주의의 가치

올해로 노무현 전 대통령 서거 10주기를 맞았다. 2009년 5월 23일 아침, 노무현 대통령의 서거 속보는 민주주의 조종(弔鐘)이었다. 나는 서거 소식에 피로써 얻은 민주주의 가치와 제도가 한꺼번에 무너지고 없어질 수도 있겠다는 위기감을 느꼈다. '다시 암흑의 시대로 돌아갈 수도 있겠구나'라는 위협감까지 느끼게 됐다.

동시에 '지금까지 내가 왜 살아왔지?'라는 의문이 싹텄다. 그때까지 십수 년을 "나 하나 잘 먹고 잘살면 그만이지"라는 태도가 이런 결과를 초래한 것은 아닌지 일종의 책임감마저 들었다. 심지어 '내가 겪은 박정희, 전두환의 독재정치를 내 아이들이 되풀이 되면 안 된다'는 비장감에도 젖었다. 그리고 그날 저녁 대취했다. 아내 말로는 집에 와서 벽을 붙들고 통곡했다고 한다.

노 대통령 장례를 치르는 것까지 보면서 '뭔가를 해야겠다'는 책임감이 몰려 왔다. 한때 학생운동과 노동운동을 했던 사람으로 무엇을 해야 한다는 절박감을 느끼기 시작한 셈이다.

시민의 정치적 각성을 일깨우기 위한 활동

그때만 해도 정치에 뛰어들 것이라는 생각은 없었다. 우선 같은 생각을 하는 사람들을 만나고 규합하는 게 급선무였다. 지역에서 한두 명씩 연락하고 만나기 시작했다. 그 결과 7월에 접어들어 김포시민광장이라는 카페를 만들었다. 비슷한 사람들이 하나 둘씩 모이기 시작하더니 연말쯤 2~30명으로 불어났다. '더 이상 이명박 정부에 대해 울분을 참고만 있을 수 없다'는 생각과 김대중 전 대통령이 이야기한 것처럼 담벼락에 대고 욕이라도 해야 되는, 그런 나름대로의 절박감으로 모인 것이다.

당시 모인 사람들은 평범한 직장인, 주부 등 다양했다. 초기 모임에서는 이명박 정부를 비판하며 서로 동질의식을 확인하는 게 전부였다. 소시민으로 살다가 순수한 정의감 하나만 가지고 결성된 가벼운 모임이었기 때문이다. 하지만, 시간이 갈수록 정치적 각성이 이뤄지고 서로 카페에 글도 올리며 논쟁 속에 새로운 대한민국에 대한 고민이 깊어졌다.

2009년 말 시민광장 내부에서 새로운 친노 계열의 정당을 만들어야 한다는 의견이 나왔다. 그러나 나는 "민주당이 정통 야당으로서 그 뿌리가 쉽게 흔들리는 것이 아니다. 엄연히 김대중, 노무현 대통령을 배출한 정당이고, 이인영 등 386그룹들도 있는, 그래도 현실적이고 정치적인 대안 세력으로 봐야 한다. 그렇기 때문에 새로운 정당을 창당하는 것은 신중해야 한다"며 창당에 반대했다. 그 와중에 정왕룡 김포시의원이 민주당을 탈당하고 국민참여당에 합류했다.

준비되지 않은 정치인, 뼈아픈 실패와 반성

2010년 1월, 개혁적 국민정당을 추진했던 분들과 일부 시민광장 회원이 합류하며 국민참여당 김포지역위원회가 발족됐다. 나는 몇 차례 입당제안에도 거절했지만 결국 합류했다. 시간이 흐를수록 노무현 정신을 현실정치에서 세게 부르짖는 정당이 하나쯤 있어야 민주당을 진보진영으로 묶어둘 수 있겠다는 생각이 들었기 때문이다.

곧이어 6.4 지방선거 국면에 접어들었다. 당시 지방선거 최대 이슈는 야권 단일화였다. 한나라당을 이기려면 민주당, 국민참여당, 민노당 등 야권이 힘을 모아야 한다는 것이다. 하지만, 현실에서 민주당을 뺀 야권은 인물과 조직 등 여러 면에서 후보를 내기 어려운 수준이었다. 그나마 유시민 씨가 경기도지사 후보로 부상하며 지방선거 최대 화제로 떠올랐다. 결국 유시민 씨가 김진표 의원과 후보 단일화를 통해 후보로 결정됐다. 이것이 내 인생의 큰 전환점이 되리

라곤 전혀 생각도 못했다.

　유시민 경기도지사 후보 확정 후 얼마 뒤 지역위원회를 이끌던 선배가 내게 "시민들이 유시민은 알아도 국민참여당을 너무 모른다"며 최대한 국민참여당을 알려야 한다고 했다. 이를 위해 후보가 있어야 한다며 "이름 석 자 올려서 벽보라도 하나 붙여야 당을 더 알릴 수 있지 않겠느냐"고 도의원 출마를 제안했다.

　정치를 하리라고는 생각하지 않았지만 유시민 후보의 고군분투를 바라볼 수만 없었던 상황이었다. 결국 국민참여당 경기도의원 후보로 출마했다. 준비도 안 했던 처지라 무엇을 어떻게 해야 할지 몰랐고 명함만 열심히 돌리면 되겠지라는 막연한 생각으로 선거운동에 임했다. 결국 경기도 의원을 놓고 한나라당 이계원 후보, 민주당 신민자 후보와 함께 삼파전을 치르게 됐다.

　선거운동이 한창이던 5월 15일 무렵 경기도의원 야권단일화 논의가 흘러 나왔다. 나는 애초 정치할 생각도 없었고, 뜻하지 않게 선거에 뛰어들었지만 '새로운 정치실험이 필요하다.'며 야권단일화에 회의적이었다. 그러나 당의 생각은 달랐다. "야권단일화를 통해 도의원 한 석이라도 우리가 건져야 한다. 그러니, 경선에서 이겨 국민참여당 도의원 한 석을 차지하자"는 입장이었다. 단일화를 위한 논의가 진행됐다. 초반 기 싸움이 대단했다. 그러던 어느 날 민주당 쪽에서 아무 이유 없이 협상을 중단했다. 무슨 이유였는지 모르나 나는 개의치 않고 명함을 돌리면서 선거활동에 전념했다. 선거운동 막바지 무렵 선관위에서 연락이 왔다. 김준현 후보의 이중당적에 대한 사실 관계에 소명하라는 것이다. 긴급하게 사무실에 갔더니 내가 사인한 열린우리당 입당원서가 있었다. 그때 생각이 났다. 2003년 열린우리당 창당 무렵, 우연히 입당원서를 써준 적이 있다. 그 후 당비 납부도 않은 채 까맣게 잊고 지냈다. 그 후 열린우리당이 민주당으로 합당하며 당원자격이 민주당에 그대로 승계됐다. 이게 7년이 지나 이중당적이 불거진 것이다.

상황이 아주 난감했다. 결국, 선관위에서 "내 책임이지만, 입당원서를 제출만 했을 뿐, 당비 납부 등 당 활동을 전혀 하지 않았다"고 소명했으나 소용없었다.

6월 2일 선거를 이틀 앞두고, 선관위는 내 후보 자격을 박탈시켰다. 하지만, 너무 늦은 결정으로 투표용지에는 내 이름이 들어가 있었다. 비록 선관위가 투표장 입구에 '기호 O번은 후보 자격이 상실됐다'고 공고했지만 많은 시민들이 투표용지에 있는 나를 선택했다. 투표결과 한나라당 이계원 후보 3만 2천표, 민주당 신민자 후보 2만 9천표를 얻었다. 비록 무효표가 됐지만 국민참여당 김준현 후보는 6천여 표가 나왔다. 나와 신민자 후보가 단일화 했다면 무조건 이기는 선거였다.

개표 결과를 듣고 '민주당에 우리 저력을 보여줬으니 됐다'고 위로했다. 하지만 하루 뒤 내가 두 가지 큰 죄를 지었다는 생각이 들었다. 내가 받은 6천여 표가 유효했다면 내게 투표한 분들의 권리가 온전히 지켜진 것이다. 그러나 나를 찍은 표가 무효가 됐으니 결과적으로 내가 굉장히 무책임하고 큰 죄를 지은 셈이다.

두 번째, 의도하지 않았지만 결국 한나라당에 도의원 한 석을 바친 주역이 됐다. 나아가 노 대통령을 죽음으로 몰아넣은 이명박 정부를 도와준 꼴이 됐다. 이는 시민의 뜻에 거슬러 역사에 죄를 지은 것이다. 2009년 5월 23일 노무현 대통령이 서거 당시 받은 충격이 떠올랐다. 노 대통령의 죽음으로 다시 한 번 정치적으로 각성하고, 정치적 의식과 책임감을 새롭게 깨달으면서 바꿔보고자 했지만 오히려 결과는 반대였다. 어이없는 결과를 만들어 낸 장본인이 된 것이다.

이때부터 책무에 대한 고민이 깊어졌다. 머릿속에서 '정치인의 책무'에 대한 생각이 떠나지 않았다. '정치적 책무란 무엇인가?'라는 질문에서 비롯된 소명의식에 대해 고민하면서 예전에 공부했던 책들을 다시 끄집어내 읽기 시작했다.

나는 이기는 길이 무엇인지, 또 지는 길이 무엇인지 분명히 말할 수 있습니다. 이기는 길은 모든 사람이 공개적으로 정부에 옳은 소리로 비판해야 하겠지만, 그렇게 못하는 사람은 투표를 해서 나쁜 정당에 투표 안 하면 됩니다. 나쁜 신문을 보지 않고 집회에 나가면 힘이 커집니다. 작게는 인터넷에 글을 올리면 됩니다. 하려고 하면 너무도 많습니다. 하다못해 담벼락을 쳐다보고 욕을 할 수도 있습니다. 지는 길도 있습니다. 탄압을 해도 '무섭다, 귀찮다, 내 일이 아니다'라고 생각해 행동하지 않으면 틀림없이 지고 맙니다. 보고만 있고 눈치만 살피면 악이 승리합니다. 투쟁에는 많은 사람들을 동원해야 하기 때문에 비폭력 투쟁을 해야 합니다. 많은 국민들을 동원하되 다치지 않도록 해야 합니다.

– 6.15남북 공동선언 9주년 기념행사 김대중 대통령 말 중에서

그중 '정치인이란 어떤 사람인지'를 깊이 고민하며 막스 베버의 《소명으로서의 정치》막스 베버 지음, 후마니타스 출간를 되풀이 하며 읽었다. 베버는 정치인에게 요구되는 자질은 열정, 책임감, 균형적 판단이며 그들은 신념윤리와 책임윤리에 따라야 한다고 봤다. 또 "정치가 경박한 지적 유희가 아니라 진정한 인간 행위가 되려면, 정치에 대한 헌신은 열정에 의해 만들어지고 유지된다"고 말한다. 여기서 정치인은 매일 매순간 스스로 내부의 적인 허영심(가능한 한 자기 자신을 전면에 내세우고 싶어 하는 욕구)과 싸워야 한다고 강조한다. 허영심은 대의

에 대한 헌신과 자기 자신에 대한 그 모든 거리감을 유지하지 못하게 하는 치명적인 것으로 정치인이 저지르는 두 가지 죄악의 근원이라고 밝힌다. 두 가지 죄악이란 객관성의 결여, 책임감의 결여다. 베버의 책은 내게 큰 깨달음을 주는 죽비소리였다.

자성의 시간을 계속 가졌다. 많은 사람들을 만나 가르침을 받고자 했다. 어떤 이는 "비록 6. 3 지방선거에서는 사표가 됐지만, 네 안에 있는 정치적 잠재성은 충분히 확인했다."며 위로해 줬다. 정치인으로서 김준현을 좀 더 적극적으로 고민하라는 것이다. 결국 1년 가까이 고민하던 끝에 내린 결론은 "제 아무리 좋은 이상, 치국, 이념이 있다 하더라도 결국 권력이 없으면 아무 소용이 없다"는 것이다. 그것이 정치를 통해 얻는 과정이라고 한다면 '정치를 적극적으로 고민해봐야겠다'는 의식의 변화가 생겼다.

정치인은 권력의지를 가져야 정치적 책무를 실천할 수 있다

내가 고민하고 이루려는 이상들은 권력이 없으면 안 된다. 따라서 필요한 것은 권력의지였다. 권력의지가 없다면, 특히 시민들에게 저질렀던 죄를 갚을 길이 없다는 결론을 내렸다. 다시 생각해도 2010년 지방선거는 충격적인 일이 아닐 수 없었다. 원치 않는 결과를 만든 장본인으로서 어떻게 용서를 구할 수 있을까. 결국 강한 권력의지를 갖고, 정치에 직접 뛰어들어 다음 선거에서 죄를 씻어내는 길밖에 없었다.

시간이 흘러 2012년 초 지역에서 함께한 분들과 자리를 마련해

"본격적으로 정치를 시작하고자 한다. 이른 시일 내에 통합진보당 (당시 국민참여당과 민노당이 합당한 상태)을 탈당하고, 민주당으로 가겠다"고 선언(?)했다.

사람들의 반응은 다양했다. 당연하다고 말하는 사람도 있었고, 신중하게 생각하라면서 걱정해주는 사람도 있었다. 하지만 공통적인 반응은 "드디어 김준현이 깃발을 올렸구나"였다. 비록 민주당에 입당하는 것에 찬반이 있지만, 정치를 하면 역할을 하겠다면서 나를 지지해주는 사람들이었다. 그 후 민주당에 복당했다. '정치는 현실이다'는 판단에 따라 본격적인 민주당 정치활동을 시작했다.

'이길 수 있는 후보 김준현'이 도의원이 되다

2014년 6월 4일 지방선거에서 누구도 내가 새누리당 조윤숙 후보를 꺾으리라 생각한 사람은 없었다. 대부분 조윤숙 후보가 이길 것이라고 했다. 지방선거를 앞두고 지역 언론사에서 조윤숙과 김준현의 여론조사 결과가 17% 차이가 난다는 여론조사를 발표했다. 그야말로 넘사벽이었다. 새누리당 조윤숙 후보는 김포 토박이 출신에 재선 시의원이었다. 게다가 열심히 봉사활동을 하시기 때문에 많은 분들이 따랐다.

당시 내 지역구는 김포의 절반을 차지할 정도로 넓고 인구도 많았다. 그중 김포 본동이 구도심으로 인구가 제일 많고 전통적으로 보수적인 정치성향의 동네였다. 한편, 장기동 등 한강신도시는 이제 막 사람들이 입주하기 시작하던 시기였다. 이곳에서는 인물 변별력이 없었다. 대부분 외부에서 유입된 사람들이고, 주로 젊은 층이 많았다. 직전 3대 선거를 분석해 보니, 김포 본동은 절대 불리한 지역이었다. 다만 7% 차이까지 쫓아가면 가능성이 있겠다고 판단했다. 거꾸로 한강신도시는 이길 것이라 예상했지만 유권자 규모가 작았다. 별다른 방법이 없었다. 두 다리를 이용한 무조건 홍보 뿐. 그때 뿌린 명함이 8만 9천장이었다. 내게 받은 명함을 세는 분도 여럿 있었다. 그 결과 김포 본동에서 5%로 차이를 줄였고, 최종적으로 내가 거의 6% 가까운 표차로 승리했다.

초반 내가 천명한 구호는 '이길 수 있는 후보, 김준현'이었다. 당시 이전 선거를 보면 야권들이 모두 참패했다. 2012년 총선과 대선에서도 모두 야권이 패했다. 이어진 보궐 등에서도 결과는 마찬가

지였다. 이에 시민과 민주개혁세력은 패배감에 젖어 있었다. 따라서 "자신감을 심어줄 수 있는 후보가 중요하다"며 승리할 수 있는 후보임을 내세웠다.

그리고 3대 공약을 발표했다. 첫째 일산대교 반값통행, 둘째 고교평준화, 그리고 마지막은 여성친화도시였다. 일산대교 반값 통행 공약은 선풍적인 반응을 불러 일으켰다. 선거운동할 때마다 "어, 이거 괜찮네!"라는 반응이 쏟아졌다. 나중에는 이 공약을 전면에 내걸었다. 명함에도 선명하게 '일산대교 반값통행, 기호 2번 김준현'만 썼다.

일산대교 반값통행은 경기도 사업이기 때문에 김포시는 물론, 국회의원도 쉽지 않은 사업이다. 도의원이라서 가능했던 공약이다.

17%의 여론 차이를 극복했던 것은 '일산대교 반값통행'이라는 아주 휘발성이 강하고, 선명하고, 직감적이며, 복잡하지 않은 공약의 역할이 아주 컸다고 고백할 수밖에 없다.

큰 프레임은 '이길 수 있는 후보'로 잡아놓고, 구체적인 공약으로 '일산대교 반값통행'을 내걸어 결국 승리했다. 당시 많은 분들이 놀랐고 내게 굉장한 감동을 받았다. 당선인사차 어느 식당에 갔을 때 주인 여성분이 "이겨줘서 너무 고맙다"며 내 손을 잡고 눈물까지 흘렸다.

이로써, 4년 전 지은 큰 죄에 용서를 받았다. 아니, 오히려 이제부터 본격적인 용서를 구하는 길로 나섰다. 내가 해야 할 길, 내가 나아가야 할 길이 분명해진 것이다.

나누고 보듬는 **손**

김포의 가치는 김포인들이 스스로 가꾸어 나가야 한다.

김포는 강소기업을 위한 정책과 비전을 통해 건강하고 세계적인 강소기업을 만들어내

고, 그것이 다시 지역발전이라는 선순환을 이끌어내야 질적인 성장을 이룰 수 있다.

김포

김포 평화경제특구

김포 강소기업

김포 기업지원센터

지하철 5호선 김포 연장

체인형 협동조합

초등학교 과밀학급 해결

여성친화도시

보육인 복지

김포 노인복지

복지공무원 처우개선

인문학도시 김포

시민주도 시민인문학

예술인 활동 지원

김포자족경제기능

○ 김포를 뒤집으면 김포가 보인다

　　2013년부터 도의원 준비를 하던 내게 많은 분들이 "왜 시의원이 아니고 도의원이 되려느냐?"는 질문을 많이 했다. 그 이유에 대해서 이렇게 말씀드렸다.

　　"김포의 가치는 현재 평가절하 되어 있다. 김포를 지도에서 보면 동쪽으로 서울에 막혀 있고, 서쪽으로는 강화도, 남쪽으로는 인천, 북쪽으로는 한강이 가로막혀 있어서 고립무원의 섬 같은 지역이기 때문이다. 그러므로 개발이 더디거나 혹은 여러 정책에서 소외돼 있다. 또한, 김포는 북한 접경이라는 이유로 늘 대립과 긴장 속에 처해 있는 지역이다. 늘 불안한 남북 군사 대치의 현장이다. 그러니 누가 김포에 이사를 올 것이며, 어떤 기업이 김포에 투자하고 공장을 지으려고 하겠는가? 이런 부정적인 요소들 때문에 김포의 가치가 평가절하 되어 있다. 하지만 그렇기 때문에 김포의 가치는 무궁무진하다. 남북 간 군사적 대치가 해소되고, 남북이 평화공존한다면 한반도 평화와 발전의 핵심지역으로 떠오를 곳이 바로 김포이기 때문이다. 실제로 2007년 10.4 남북정상회담을 통해 한강의 평화적 이용을 확인하면서 김포의 가치를 새롭게 조명한 역사적 경험이기도 하다. 따라서 이 무궁무진한 가치를 제대로 구현하기 위해서는 경기도라는 큰 울타리에서 김포의 가치를 실현하기 위한 정책을 제안할 수 있어야 한다."

김포의 가치를 제대로 구현할 정치인이 필요하다

나는 우선 '개성-김포 간 대교' 건설을 주장했다. 이를 통해 김포를 남북평화물류의 중심기지로 탈바꿈시켜야 한다고 본 것이다. 개성공단에서 생산된 제품을 김포를 통해 제2외곽순환도로를 통해 인천항을 거쳐 해외로 수출하면 최단시간 물류편익을 누릴 수 있다. 이처럼 김포를 거꾸로 뒤집어 보면 오히려 사통팔달이다. 무엇보다 '서울'이라는 대한민국 최대의 소비시장이 접해 있다. 현재 프리미엄 아울렛, 아라 뱃길 등 다른 데 갈 필요 없다. 또한, 해상레저와 관광에도 최적이다. 해상레저 사업은 국민 소득 3만 달러 시대에 본격화된다. 현재 해상레저 산업이 서울과는 먼 곳에 위치해 있다. 하지만, 서울 바로 옆 아라 뱃길을 뚫는다면 해상레저를 할 수 있는 충분한 인프라가 조성될 수 있다. 이런 논리로 김포의 가치는 더욱 상승할 것이다. 그리고 이런 무궁무진한 가치를 제대로 살려내기 위해서는 이를 제대로 구현할 정치인이 필요하다. 김포의 가치를 새롭게 구현하기 위해서는 보다 크고 광범위한 지원이 가능한 중앙정부와 경기도가 실제적인 정책을 지원해야 한다.

이 같은 문제의식에 따라 민선7기 정하영 김포시장 인수위원장을 역임하면서 '내 삶을 바꾸는 김포, 김포의 가치를 2배로 업그레이드시키자'는 목표를 어떻게 구체적으로 구현시키느냐는 데 초점을 맞췄다. 이제까지 김포가 한강신도시개발 등 하드웨어적인 도시형성을 통한 외형적 성장에 주력해 왔다면 이제는 김포의 소프트웨어적인 측면을 채워나가는 질적 성장과 김포의 콘텐츠를 고민해야 할 때다. 이를 위해 김포를 교육과 평화경제 특구지역으로 발전시켜야 한다. 이를 위해 몇 가지 정책적 아젠다를 추진해야 한다.

첫째, 교육도시 김포를 만들어야 한다. 교육혁신지구 지정과 교육예산 500억 원 확보를 통해 아이를 키우기 좋은 도시, 청소년이 꿈과 끼를 제대로 키울 수 있는 김포로 자리매김해야 한다.

둘째, 한반도 평화와 중심도시 김포를 만들어야 한다. 남북접경 지역이라는 지정학적 장점과 수도권에서 유일하게 대규모 습지가 있는 환경자원이 풍부한 곳으로서 장점을 살릴 수 있는 새로운 콘텐츠를 발굴하고 육성해야 한다. 특히 균형 잡힌 개발은 김포시 북부 5개 읍·면에 평화문화와 관련한 콘텐츠를 발굴하고 인프라를 마련해야 한다.

셋째, 중소기업이 활기찬 혁신도시를 만들어야 한다. 김포형 일자리 사업을 추진하고 혁신클러스터를 조성해 중소기업의 경쟁력을 강화시켜야 한다. 김포에는 8천여 개의 중소기업이 있다. 95%가 30인 미만의 1차 금속가공 업체가 대부분이다. 공정을 개선하고 신제품 개발을 지원해야 한다. 스타트업을 집중 유치, 발굴할 수 있는 기반을 조성해야 한다. 이를 위해 빠른 시일 내에 기업지원센터와 산업진흥재단을 설립해야 한다.

이외에도 청년도시 김포를 지향하며 청년수당 지급, 무상교복, 무상급식 등 보육과 복지의 증대, 사회적 협동조합 같은 사회적 경제를 중심으로 한 사람중심 경제, 한강신도시의 균형 잡힌 발전을 위한 청년정책 시행 등으로 활력이 넘치는 김포를 만들어야 한다.

김포는 촛불혁명과 평화혁명의 쌍끌이 혁명의 중심에 서 있다. 먼저, 김포 주민 대부분이 촛불혁명의 주역들이다. 젊은층은 물론 시민 모두 정치적 의식 수준이 대단히 높다.

　한반도 평화혁명의 중심지도 김포다. 한강의 평화적 이용을 통해 남북왕래가 자유로워지고 개성-김포 간 다리 건설과 조강 평화경제특구가 조성된다면 김포는 무한한 발전을 거듭할 수 있다.

　깨어 있는 시민과 함께 '참여만이 내 삶을 바꾼다'는 각오로 한층 젊고 생동하는 김포의 가치를 구현하기 위한 정치인이 필요한 이유다.

김포 평화누리길 걷기대회

○ 김포, 남북통일경제특구의 중심!

저는 경기도가 이 지역을 남북 경제협력 특별구역으로 선포할 것을 주장합니다. 그리고 관련 특별법 제정을 국회와 중앙정부에 정식 요청할 것을 제안합니다. 서북부권 경제협력 특별구역은 경기도 중소기업에게 천금 같은 기회를 제공합니다. 최근 맺은 한·중 FTA는 개성공단 제품을 한국산으로 인정할 것으로 합의했습니다. 한미 FTA 등 다른 FTA도 마찬가지입니다. FTA로 경제영토가 넓어지면 그만큼 기회가 늘어납니다. 북한의 노동력과 한국의 자본과 기술이 만들어내는 제품이 세계시장을 누빈다면 한국경제는 제2의 도약도 가능합니다. 나아가 북한경제도 활력이 생겨 중단된 제2개성공단 조성도 재개될 것입니다.

남북 자원 물류는 경기도 서북부권이 경제적으로 주목받는 또 다른 이유입니다. 북한은 전 국토에 걸쳐 광물자원이 분포되어 있으며 총 매장량의 가치는 6,984조 원으로 알려져 있습니다. 서둘러 북한의 지하자원을 개발하고 국내로 들여온다면 그야말로 대박인 셈입니다. 그래서 2007년 남북 정상은 문산-봉동 간 철도화물 수송 등 남북한 교통인프라 연결을 서두르자고 합의한 것입니다.

– 김준현 의원의 의회 5분 발언 중에서

김포의 평화경제특구 지정은 매우 중요하다. 지금처럼 한반도 경제 교류가 활성화되고 평화가 정착되면 김포의 가치가 새롭게 떠오르게 된다. 이를 구체화하려면 김포가 지리적으로 통일경제특구에 편입돼야 한다. 나는 통일경제특구법안을 발의한 파주의 박정 국회의원에게 김포도 지리적 범위로 포함되도록 간곡하게 건의해 김포, 파주, 개성까지 이어지는 통일경제특구를 지리적인 범위로 확장했다.

김포를 남북평화물류 평화경제특구로 조성해야

평화경제특구는 김포의 미래와 한반도 평화경제에 매우 중요한 지렛대다. 경기도는 지난 2014년 3월 개성-김포 간 다리 건설을 중앙정부에 공식적으로 건의한 바 있다. 개성-김포 다리가 건설되면 개성공단에서 생산된 제품들이 김포에 조성될 남북물류기지로 집하되고, 현재 건설 중인 제2외곽순환도로를 통하면 인천항까지 30분이면 갈 수 있다. 즉, 남북물류와 관련해서는 김포가 최적의 장소다.

이렇듯 김포만큼 남북경제물류의 최적지가 없다. 이런 주장은 예전부터 많았다. 2008년에 교통연구원에서 세미나가 있었는데, 그 자리에서 개성-김포 간 다리 건설 및 김포의 남북물류 역할 등에 대한 논문들이 발표된 바 있다. 이런 사실들을 종합적으로 취합해서 개성-김포 간 다리를 건설해야 한다고 주장하고, 경기도가 중앙정부에 공식적으로 건의한 것이다. 나 역시 지역에서 이를 꾸준히 주장해왔고, 지난해 지방선거에서 정하영 후보가 공식적으로 공약으로 발표했다.

조선시대까지만 해도 세곡선이 김포를 거쳐 한양으로 드나들었으니 전통적인 의미에서 김포는 한반도 물류의 중심이다. 그런 측면에서 김포는 여전히 남북 물류에 있어서 최적의 장소이고, 엄청난 가치를 지니고 있는 도시다. 70년 간 이어 온 분단으로 김포는 반공 도시, 군사 도시라는 생각 때문에 투자나 이사를 꺼렸는데 그 상황에서 김포의 미래를 이야기하는 것이 불가능하다. 현재와 같이 남북평화가 이뤄지고, 북한의 비핵화로 한반도 신경제지도가 그려진다면 김포의 가치는 수직상승하게 될 것이다. 이를 대비하기 위해 김포에 평화경제특구를 조성하고, 개성-김포 간 다리를 건설해야 한다. 또한 벤처혁신기업도 세우고, 물류기업도 적극적으로 육성해 김포의 산업지형을 바꿀 변화가 필요하다.

무엇보다 빠른 시일 안에 김포산업진흥재단과 김포기업지원센터를 설립해야 한다. 경기도의원 시절 경기서북부 기업지원센터 설립에 관한 용역을 세운 바 있다. 경기서북부 2만여 중소기업을 지원하는 센터를 짓자는 것으로 용역결과 김포가 가장 적합하다는 결론이 도출됐다. 이에 따라 김포 기업지원센터 설립이 추진되고 있다. 김포 산업진흥재단을 설립하고 기업지원센터를 지으면 혁신기업, 벤처기업, 물류기업 그리고 기존 기업들에게 공정혁신, 기술개발 등을 종합적으로 지원·육성하고, 발굴할 수 있는 토대가 된다. 동시에 기존의 김포 산업지도 자체를 변화시킬 수 있다. 그렇기 때문에 이 사안은 김포의 미래를 위해 매우 중요하다. 쌍둥이 개성공단을 김포에 두자는 주장도 있다. 쌍둥이 개성공단은 북한 노동자들이 다리를 건너 남한에 있는 공단에서 일하는 사업이다.

국방부는 지난해 12월 13일 약 2만2천㎡에 달하는 김포지역 군사보호구역을 해제하거나 완화했다. 김포의 경우 수십 년 동안 이어온 분단으로 인해, 김포시 전체 면적의 약 85%가 군사보호구역으로 설정되어 있다. 특히 북부 5개 읍·면(통진읍, 양촌읍, 대곶면, 월곶면, 하성면)의 많은 곳이 군사보호구역으로 묶여 있다. 그 결과 북부 5개 읍·면이 오랜 세월 낙후된 지역으로 전락했다. 논농사 외에는 할 수 있는 것이 없고, 주변은 매일 군사훈련에 대남방송이 들린다. 주민도 떠나고 투자하거나 이사 오려는 사람도 없게 된 것이다.

따라서 군사보호구역의 해제는 김포의 가치가 급상승할 수 있는 기회라는 의미다. 이는 북부 5개 읍·면을 평화경제특구로 발전시킬 수 있는 첫 단초이기 때문이다. 이를 계기로 김포의 기본적인 경제지도, 산업지도, 개발지도가 확 바뀔 수 있다.

출처 : 연합뉴스, 2014.3.11.

○ 노동하기 좋은 도시, 기업하기 좋은 도시

김포와 파주에는 총 1,083만 9,000㎡ 규모의 21개 산업단지가 들어서 있습니다. 이곳에는 디스플레이 기업들과 IT 제조 및 자동차 부품 제조 등 기계 공업과 소재산업 등 중소 제조기업이 입주해 있습니다. 이처럼 경기 서북부 권은 경기도 경제를 떠받치는 한 축입니다. 그럼에도 이곳에는 중소기업 지원시설이 턱없이 부족합니다. 김포시에는 7개 산하기관 단체가 있고 파주에는 6개, 고양시에는 8개의 기관 및 단체가 있습니다. 그나마 이들 기관이나 단체는 경기신보 지점이나 지역상공회의소 등입니다. 물론 이들 기관도 필요합니다. 하지만 정작 필요한 중소기업 종합지원센터가 없습니다. 이 지역에 창업 지원 및 시제품 생산과 상품화 지원 또한 생산공정 개선과 디자인 개발 등을 지원할 수 있는 기술지원 기관이 필요합니다.

– 김준현 경기도의원, 의회 5분 발언 중에서

김포에는 8천개의 중소기업이 있다. 95% 이상이 30인 미만 소규모에 1차금속가공업체가 대부분이다. 이는 환경오염을 유발하는 기업들이 많다는 뜻이기도 하다. 당연히 환경피해관련 민원이 많다. 부정적인 언론 기사가 보도되면서 김포의 부정적인 이미지가 확산됐다. 기업은 기업대로 환경부와 경기도, 김포시의 단속으로 사업하기 힘들다는 하소연을 한다.

따라서, 김포의 산업지형을 바꿔야 한다. 기업이 김포를 떠나지 않고 부정적인 여론에 시달리지 않으려면 김포 기업의 체질을 바꿔

쥐야 한다. 이를 위해 김포기업지원센터를 설립해 공정혁신과 기술개발을 지원해야 한다. 이는 머지않은 미래에 다가올 김포 남북물류시대를 대비한 물류기업 육성에도 꼭 필요한 지원책이 될 것이다.

나는 기업인을 대상으로 경쟁력 강화와 경제 정책의 대전환을 위한 강연을 하곤 한다. 주요 내용은 동반성장과 4차 산업혁명에 관한 것이다.

김포에도 중소기업전문 정치인이 필요하다

많은 분들이 내게 추구하는 경제 정책이 무엇인지 묻는다. 경기도의회 경제과학기술위원회에서 의정활동을 하다 보니 자연히 궁금할 수밖에 없다.

기업인들은 최저임금의 급격한 인상과 주52시간제 시행에 우려를 나타낸다. 특히, 소득주도성장이 잘못됐다고 주장한다. 그러나 최저임금 인상이나 주52시간 근무제는 시대적 요구다. 글로벌 경제가 포화상태에 접어들면서 기존 경제 패러다임은 한계에 부딪혔다. 소득을 늘리고 내수를 살려 총수요를 키워야 한다는 문제의식에서 소득주도성장이 나왔다. 이에 대해 일부 정치인들은 방향은 맞되 속도에 문제가 있다고 지적하기도 한다.

소득주도성장 성공을 위해 동반성장이 제도화 돼야 한다. 대기업 중심의 수출주도형 경제 전략이 한계에 부딪힌 만큼 새로운 성장전략을 세워야 하는 것이다. 그 해답이 동반성장이고 혁신성장이다. 이를 김포에서 실현하기 위해 기업지원센터를 지어야 한다.

나는 경기도에 2015년부터 기업지원센터 건립을 제시하기 시작했다. 그 결과 2017년 약 1억 정도 예산으로 용역을 실시해 김포가 경기서북부기업지원센터로 최적지라는 결론을 내렸다. 또한, 김포 지역 기업인들이 경기서북부 기업지원센터 건립 위치로 김포가 최적지라는 연서명을 남경필 지사에게 제출했다. 이 같은 노력으로 김포에도 기업을 지원하는 민주당 정치인이 있다는 인식이 커지기 시작했다.

김포에 있는 중소기업이 성장하기 위해서는 무엇보다 패러다임을 바꿔야 한다. 김포를 대-중소기업 동반성장 지구로 특화해 보는 전략도 고려해야 한다. 김포형 일자리 사업을 추진할 필요도 있다. 또한, 기업 수요에 맞춘 혁신클러스터 조성을 장기전망으로 삼아야 한다. 독일형 혁신 클러스터를 모델로 요소기술을 강화시키는 강소기업 육성에 나서야 한다. 기업도 적극 투자에 나서야 한다. 과감히 파괴적 혁신을 단행하고 신제품 개발과 시장 개척에 나서야 한다. 4차 산업혁명 시대를 맞아 사람에 대한 투자를 늘려야 한다. 이를 위해 김포시는 김포산업진흥재단을 설립해 지원해야 한다. 그 결과 지역발전이라는 선순환을 이끌어 낼 수 있을 것이다.

김포시 소상공인연합회 간담회

○ 지하철 5호선 김포 연장에 대하여

　최근 신문이나 뉴스에 출퇴근 대중교통을 이용하는 데 불편함을 겪고 있는 수도권 시민들의 모습이 자주 보도된다. 그만큼 경기도의 용인이나 검단, 김포 등의 교통난은 심각한 수준이다. 김포와 인천 검단은 교통대란으로 고통받고 있는 대표적인 곳이다. 현재 김포는 한강신도시 등으로 유입되는 주민이 급격히 늘어 서울 출퇴근에 1시간 이상이 걸린다. 앞으로도 2035년까지 약 70만 인구를 목표로 도시가 설계되고 있어 장기적인 교통 대책이 급선무다. 지금대로라면 2035년까지 김포·인천 서구 일대 인구는 100만 명에 육박할 것으로 예상된다.

　이처럼 경기서북부 신도시의 심각한 교통난은 해당 지역 정치인들에게도 커다란 과제다. 지역 교통난 해소가 시급한 현안으로 급부상하자, 지난 2016년 총선에서 인천시 서구 신동근 후보가 서울지하철 5호선의 검단 연장을 공약으로 내세운 바 있다. 신 의원은 당선 후 서울지하철의 검단 연장을 위해 서울교통공사, 서울시와 협의하고 있다.

　서울시는 2015년 방화기지를 강서구 안에서 이전하는 것으로 검토했으나 6752억 원의 비용이 든다는 이유로 사업성이 없다고 판단해 중단한 바 있다. 하지만, 2016년 2월 지하철 5호선 방화차량기지 이전을 재추진한다고 발표했다. 방화기지 이전은 강서 지역 개발을 위해 오랫동안 지역주민의 숙원사업이기 때문이다. 이를 위해 2억

원의 예산을 들여 방화차량기지 이전 용역을 실시했다.

2017년 5월 회기 때 민경선 경기도 의원이 방화차량기지 고양시 이전 촉구 건의안을 본회의에 제출했다. 참고로 민 의원은 고양시를 지역구로 둔 의원으로, 교통문제 전문가다. 이 안건이 본회의에 올라오자 내 입장은 당연히 반대였다. 당시 이 건의안에 나만 반대하고 다른 의원들은 모두 찬성표를 던졌다. 방화차량기지 고양시 이전 촉구 건의안의 주요 내용은 5호선을 고양시로 연장하는 것이다. 이 내용이 언론을 통해서 김포시와 한강신도시 연합회 등의 카페에 알려졌다. 이 사안에 대해 유일하게 김준현이 반대했고, 한강신도시 아파트 주민들을 중심으로 여론이 들끓기 시작했다.

지하철 5호선, 김포로 연장해야

상황이 돌변해 방화차량기지 이전 건이 지역의 큰 이슈가 됐다. 한강신도시 주민들은 교통 문제에 굉장히 민감하다. 나는 긴급히 한강신도시총연합회 임원들과 간담회를 가졌다. 뒤이어 의회에 서울지하철 5호선 김포 연장 촉구 건의안을 제출했다. 내가 제출한 건의안이 6월 경기도의회에서 통과됐고 나는 기고문에 5분 발언은 물론, 김종욱 서울시 정무부시장을 만나 건의문을 전달하는 등 본격적인 활동에 나섰다. 그 결과 서울지하철 5호선 연장은 김포지역의 가장 뜨거운 이슈로 떠올랐다.

이 무렵 서울시는 건설폐기물처리장을 차량기지와 함께 옮겨야 한다고 주장하고 나는 반대했다. 시민들의 환경피해가 불 보듯 훤하기 때문이다. 현재 서울시는 건설폐기물처리장 이전 없는 5호선 연장을 불가능하다는 게 협상조건이고, 김포의 모든 정치인은 건설폐기물처리장 없는 5호선 연장을 해야 한다는 입장이다.

2018년 6월 발표한 서울시 용역결과 5호선 차량기지를 김포 고촌으로 이전하고 장기역까지 19.5km 연장하는 방안의 비용대비편익(B/C)이 0.81로 나왔다. 이 안은 중앙정부에 건의할 수 있는 0.7 이상 나왔지만 이는 5호선이 장기역에서 되돌아오는 것뿐이니 김포 시민들에게 지하철 5호선 연장에 따른 혜택이 거의 없는 셈이다. 사실상 서울지하철 5호선을 가장 기대하는 곳은 한강신도시인데, 그곳은 지하철역이 하나뿐이고, 검단을 거쳐 돌아가니 실질적으로 김포 사람들에게는 아무런 의미가 없다. 따라서 차량기지를 양촌읍 누산리로 옮기고 24.2km 구간으로 연장하되 한강신도시에 역을 2개 이상 신설해야 한다. 그래야 김포시민들에게 5호선 연장의 실질적인 교통 혜택이 주어지기 때문이다. 서울시 용역에도 양촌읍 누산리에 차량기지를 이전하는 안의 B/C가 0.69로 나오기 때문에 결코 불가능하지 않다.

2018년 12월에 김현미 국토교통부장관이 수도권 광역 교통개선 대책안을 발표할 때 5호선 연장(가칭 한강선) 건에 대해 지자체 간 협의가 완료되면 추진하겠다고 공식적으로 발표했다. 5호선 연장의 관건은 2021년에 하는 제4차 광역 철도망 계획에 편입되느냐 여부에 있다. 그렇게만 되면 국가재정사업으로 분류돼 공사비의 70%를 국가가 부담하고, 나머지는 지자체가 부담한다. 결론적으로 4차 광역

철도망 계획에 반영이 돼야 한국개발연구원(KDI)에서 실시하는 예비타당성조사 등을 실시하는 근거가 반영되는 것이다.

지하철 5호선의 김포 연장은 장기적으로 강화까지 뻗어 나갈 수 있어야 한다. 이는 남북 교류에도 영향을 미쳐 남북이 군사대치를 풀고 한강하구 일대의 평화적 이용과 교류를 가능케 할 것이다. 국가적으로 서울지하철 5호선 김포 연장이 선택이 아닌 필수인 이유다.

○ 시민이 주인되는 지방자치가 답이다

노무현 전 대통령 서거 이후, 시민에 의한 자발적인 정치조직화 필요성이 제기됐다. 과도한 정치운동보다는 시민의 생활주제로 하나씩 참여하는 것이다. 당시 시민들과 정치 현안, 지역 현안에 대해 같이 논의하고 토의하는 과정을 통해 하나씩 대안을 만드는 시민주도형 참여정치를 뜻있는 분들과 함께 하기로 했다.

노무현 전 대통령의 서거를 슬퍼할 것만이 아니라 우리 지역을 자각하고, 새롭게 변화시키자고 모이기 시작했다. 나는 두 가지를 시작했다. 첫 번째 김포시가 운영하는 김포시민참여위원회에서 일하고, 두 번째 〈김포신문〉 학생기자 지도위원으로 학생들에게 기사나 글을 쓰는 요령을 가르쳤다. 시민참여위원회에서 많은 사람들을 만나 다양한 시정 현안을 논의하고 의견을 개진하는 과정이 계속 진행됐다.

동시에 김포를 여성친화도시로 전환시켜야 한다는 생각에 (사) 김포 여성의 전화, 〈김포신문〉과 함께 김포를 여성친화도시로 만들기 위해 활동했다. 여성의 입장에서 바라본 도시설계, 장애인 입장에서 바라본 도시환경을 위해 직접 휠체어를 타고 경험해보는 등의 방식으로 모니터링을 진행했다. 그 내용을 기사로 쓰고, 공동 인터뷰도 진행하면서 총 6회에 걸쳐 시리즈물로 만들었다. 김포시에 정책반영을 요구했고 시에서도 여성친화도시 선정을 위한 작업을 하겠다고 나서면서 조금씩 성과를 거두기 시작했다.

이처럼 자발적인 카페 형식의 시민운동은 물론 조금 더 나아가 서너 분야에서 활동을 시작했다. 환경운동에도 관심을 갖기 시작했다. 주도적으로 이끌기보다 녹색김포 등에서 진행하는 활동에 참여하는 방식이었다. 이 활동으로 김포가 수도권 생태 보고라는 사실도 깨달았다. 예를 들어 고촌 풍곡리 부근에 돌방구지라는 곳이 있다. 이 곳은 한강하구 생태 중심부로 천연기념물 재두루미를 비롯해 한강하구를 찾는 철새의 ⅔가 찾는다.

노무현 대통령은 돌아가셨지만 오히려 새로운 노무현이 탄생했다. 이들이 민주주의에 대한 믿음과 성숙한 시민의식으로 김포를 변화시키고 있다. 시민사회단체가 새로 생겨나고 기존 단체 역시 활력을 찾기 시작했다. 예전처럼 외면하지 않고, 조금 더 참여하고, 활동하고, 의제를 발굴하고 정책화하려는 노력으로부터 비롯됐다.

시민이 주인 되는 생활정치활동 모색해야

시민정치활동이란 시민이 자기 삶을 결정하는 활동을 의미한다. 시민이 더 이상 통치나 행정의 대상이 아니란 자각에서 비롯됐기 때문이다. 이는 시민이 참여하는 참여민주주의 구현으로 실현된다. 시민이 김포시 현안이나 혹은 국가의 주요 현안에 대해 토론하고 합의하는 숙의형 민주주의를 뜻한다. 문재인 정부에서 원자력공론위원회나 대학수학능력시험 제도 등에서 실시되고 있다. 일선 지자체도 적극 도입해야 한다. 일선 지자체가 시민들이 시정현안에 대해 집중적으로 토론을 할 수 있는 장을 마련해야 한다. 일상적인 시민자치활동이 제도적으로 필요하기 때문이다. 그런 점에서 정하영 김포시장이 추진하고 있는 김포시민 500인 원탁회의는 하나의 모델이다.

우리나라에는 각 행정단위별로 주민자치위원회가 있다. 주로 주민문화교육실 운영 등의 기능과 역할을 한다. 아직 자치 기능을 할 수 있는 제도가 미비하다. 최근 여권에서 주민자치법 개정안을 발의해 주민자치위원회를 주민자치회로 승격하고 보다 많은 권한과 기능을 부여하겠다고 발표한 것은 그나마 다행이다. 주민자치회가 지역의 다양한 현안들을 발굴하고 토론을 통해 정책대안을 만들어 자치단체에 제안할 수 있도록 해야 한다. 생활정치활동이 구현되고, 시정에 시민들의 의견이 반영되고 토론이 활성화될 수 있는 기본 뿌리가 형성될 수 있기 때문이다.

이를 통해 시민참여민주주의가 발전할 수 있다. 우리나라는 절차 민주주의는 세계 어느 나라에도 뒤지지 않지만 내용면에서는 많이 뒤쳐져 있다는 지적이 많다. 그 이유가 기성세대들이 토론문화에 익숙하지 않아서 그렇다. 그러나 지금 학생들을 비롯한 젊은 친구들은 다르다. 이들의 문제의식의 폭과 깊이, 접근방식과 문제해결 방식은 기성세대와 확연히 다르다. 따라서 젊은 세대의 정치적 바람과 요구를 미리 찾고 대비하려면 숙의형 민주주의가 정착돼야 한다. 이를 위해 다양한 생활밀착형 시민중심 토론문화를 제도적으로 마련해야 한다.

○ 지금 김포 자영업자에게 필요한 것은

　김포도 여느 지역처럼 자영업 하는 분들이 상당히 많다. 특히, 신도시는 빠르게 인구가 늘면서 점포도 꾸준히 늘고 있다. 최근 어려운 경제여건에 자영업을 한다는 것은 정말 힘들고 고단한 일이다. 자영업자가 어려워진 이유는 여러 가지가 있다. 자영업자 입장에서 최저임금 인상과 주52시간 근무제 도입 등은 어려움을 가중하는 것으로 볼 수 있다. 이 정책들을 시행하면서 세밀한 자영업자 대책들이 만들어져야 하는 이유다.

자영업 어려움의 근본원인은 신자유주의의 승자독식·약탈경제

　자영업이 어려워진 근본적인 원인은 신자유주의가 낳은 승자독식·약탈경제이다. 대기업에 의한 동네 상권 싹쓸이로 자영업이 파괴됐다는 것이다. 그 결과 건강한 지역 상권, 지역 경제가 사라졌다. 예전에는 지역마다 전통시장이 있었다. 골목에는 슈퍼마켓, 쌀가게, 옷가게 등 웬만한 경제생활이 가능하도록 다양한 가게들이 있었다. 지금은 대형마트가 이를 모두 흡수했다. 그 결과 퇴직한 분들이 할 수 있는 장사가 굉장히 제한돼 있다. IMF 외환위기 당시 퇴직한 분들이 프랜차이즈 치킨점이나 외식업에만 몰린 이유다. 그나마 여유 있는 분들이 통신사 대리점을 운영하는 정도다.

　대기업은 대형마트에만 머무르지 않는다. 동네 슈퍼마켓은 물론 빵집 등 골목 상권 전체를 싹쓸이 하고 있어 큰 문제가 되고 있다. 그 결과 지역경제 생태계가 무너졌다. 예전에는 많이 벌건 적게 벌건, 각 업종별 부문별 건강한 지역경제 생태계를 유지했다. 건강한 생태계를 유지한다는 것은 건강한 경쟁가게가 있다는 의미다. 식당도 그렇고 생필품 가게도 그렇다. 지금은 어떤가? 어느 밥집이 하나 잘된다면 여기저기 비슷한 밥집들이 생기며 몰려든다. 자영업자들이 죽자 살자 경쟁에 내몰린다. 이는 결국 대기업 중심의 유통구조에서 비롯됐다. 대형마트가 지역상권을 다 무너뜨렸다는 것이다. 대형마트가 들어서면 그 지역 소상공인들은 초토화된다. 생필품 가게며 야채 가게, 옷가게가 다 없어진다.

자영업이 어려워진 두 번째 원인은 소비패턴의 변화를 들 수 있다. 요즘에는 장보러 가지 않고 인터넷 앱 등으로 주문을 하는 시대로 온라인 쇼핑규모는 해마다 15% 이상 가파르게 신장하고 있다. 지난해 112조원대의 규모로 성장했다. 더 이상 기존 점포형, 오프라인형 지역경제 생태계가 살아남기 힘든 구조가 됐다.

또한, 가맹점 본사의 횡포는 여전하다. 그 외에도 카드결제 수수료 등 자영업자 어려움을 가중시키는 몇 가지 요인들이 더 있다. 자영업자들이 맘 편히 장사하기 위해서는 건강한 지역경제 생태계를 복원할 수 있는 장기적이고 종합적인 정책들을 내놔야 한다.

우리나라 자영업 비율은 28.2%로 OECD 국가 평균(15.8%)보다 훨씬 높다. 지금은 평생직장의 개념은 사라졌다. 더구나 투잡, 쓰리잡이란 말까지 나올 정도로 세상살이가 힘들어졌다. 정년퇴직은 꿈도 꿀 수 없는 시대로 젊은이들이 정년퇴직이 보장된 공무원에 몰리고 있다.

이러한 경향들은 7~80년대까지 이어졌던 전통적 제조업 중심의 산업구조지형이 완전히 뒤바뀌면서 더욱 가속화됐다. 평생직장 개념이 없어지고 퇴직한 분들이 대거 자영업에 몰려 힘들어하다 결국 가게를 접는 일이 부지기수다. 그 후 경비원 등 열악한 환경의 저임금 노동자들로 떠돌게 된다. 양극화가 심해지고 갑질 행태, 을끼리의 전쟁 등 온갖 사회문제가 일어나게 된 원인이다.

내수를 늘리고 지역경제 활성화를 위해서는 비정규직을 점차 줄이고 노동자들이 안심하고 일할 수 있는 고용정책이 필요하다. 고용이 안정돼야 소비를 할 여유가 생기기 때문이다. 생각해 보자. 언제 잘릴지 모르는데 아무리 많은 돈을 준다한들 불안해서 지금 당장 소비를 할 수 있겠는가? 소비보다는 재테크에 집중하고 오로지 아파트값에 신경을 곤두설 수밖에 없다. 가처분 소득이 뚝 떨어진 이유다. 안정된 고용에 일정한 소득을 유지한다면 적은 소비라도 꾸준하게 한다. 노동 유연성은 내수부진을 불러오고 그 결과 자영업의 어려움을 가중시킨다. 끝내 기업이 어려움을 겪게 된다. 친노동이 친기업인 이유이다.

공정한 상거래와 체인형 협동조합에 관심 둬야

자영업을 살리기 위한 근본적인 대책을 만들기 어렵겠지만 공정한 상거래 제도라도 만들어 줘야 한다. 그런 의미에서 얼마 전 참여연대에서 내놓은 《새로 고침 대한민국》이란 책에 나온 자영업자 관

장기상가번영회 간담

련 대책은 참고할 만한 정책 제안이 아닐까 싶다. 즉, ▲ 중소 자영업자들의 집단적 대응권의 국가 보장 ▲ 가맹사업법상 사업자단체구성권과 거래조건 협의권 강화 및 대리점법과 하도급법 등으로의 확대는 꽤 설득력 있다. 또한 프랜차이즈 본사의 갑질을 막기 위한 조사권, 처분권. 조정권의 지방정부 이양도 필요하다.

자영업의 자생력을 위해 체인형 협동조합을 적극 육성해야 한다. 이는 유럽에서는 굉장히 일반화되어 있는 개념으로, 소상공인들이 협동조합을 만드는 방식이다. 예를 들어 각 지역의 이발소들이 공동으로 출자해서 협동조합을 조직하고, 브랜드를 공동으로 만들어 영업하는 방식이다. 자재 구매도 협동조합을 통해 한다. 생산자협동조합과 비슷한 형태다.

김포 시민의 날 행사, 김포시민과 만남

2014년 경기도의원 출마 때 내건 공약 중 하나가 "김포를 여성친화도시로!"였다. 여성친화도시란 여성가족부에서 운영하는 제도로 도시의 여성친화지수를 평가해서 인증해주는 제도다. 김포 한강신도시는 2006년 전국에서 최초로 여성친화도시로 설계됐다. 하지만, 정책실행 과정에서 유야무야 됐다. 하지만, '여성이 행복한 곳이 제대로 된 도시'다. 여성이 행복하고 즐거울 수 있는 도시는 어떤 도시인가? 여성이 행복하다는 것은 무엇을 의미하나? 밤거리를 자유롭게 다닐 수 있는 안전문제도 중요하고, 여성을 위한 문화시설을 갖추는 것도 중요하다. 젠더의식 향상을 위한 교육과 홍보도 적극 나서야 한다.

무엇보다 제대로 된 보육과 교육 대책을 내놓아야 한다. 워킹 맘이 안심하고 일하고 학부모들이 적극적으로 지역 현안과 내 주변을 돌아볼 수 있도록 해야 한다. 지금은 보육과 교육도 남성도 함께 짊어지는 시대다. 때문에 여성친화도시는 곧 남성친화도시이자 시민이 안심할 수 있는 도시다.

초등학교 과밀학급, 학생 수요 예측 실패가 원인

2014년 6월 3일에 경기도 의원으로 당선 후 얼마 뒤 지역구내 모 초등학교 학부모 몇 분이 찾아왔다. 과밀학급으로 고통받고 있다는 것이다. 며칠 후 학부모님들과 학교를 방문해 교장 선생님을 만났다. 교장 선생님은 이 자리에서 학교 상황을 자세히 설명해 줬다. 이 학교는 21학급을 기준으로 4년 전 개교했는데 그 사이 학생들이 너무 많아져 과밀학급으로 고통받고 있었다. 교장선생님과 함께 학교를 둘러 봤다. 교장 선생님은 교육청에 수차례 학교 증축을 건의하고, 학부모들도 적극 목소리를 냈지만 교육청은 예산 부족을 이유로 난색을 표했다고 한다.

학교를 둘러본 후 이재정 교육감 당선인에게 직접 전화해 도움을 요청했다. 며칠 뒤 교육청에서 실태를 파악하고 이 당선인에게 보고했다. 그 분은 취임 후 나와 논의해 이 학교의 과밀학급 해소를 위해 증축을 결정했다. 이 일로 나는 졸지에 교육문제 해결사로 이름이 났다. 그 뒤 여러 학부모님들이 내게 찾아와 같은 문제로 고통을 받고 있다며 민원을 제기했다. 안되겠다 싶어 교육청에 한강신도시 학교 실태를 전수 조사해 자료를 달라고 했다. 그 결과 거의 다 과밀학급으로 심한 몸살을 앓고 있었다. 결국 이를 해결하려면 학교를 많이 짓거나, 증축할 수밖에 없는 상황이었다.

당장 증축으로 일부 해결한다고 하지만, 관건은 과밀학급의 원인이 무엇이고 어떻게 해소할 것인지 방법을 찾는 것이 급선무였다. 2017년 장기동 모 초등학교가 36학급으로 개교했다. 그런데, 개교와 동시에 증축공사를 시작하는 황당한 일이 벌어졌다. 학생수요 예측에 실패했기 때문이다. 한국토지공사(LH)는 토지이용계획을 시와 교육청 등과 협의해 완성하고 국토부에 제출한다. 이때 초등학교 신설 기준은 4천 세대당 1개교, 중학교는 8천 세대당 1개교다. 학생 수는 교육청이 주요 산식과 시스템을 통해 예측한다. 이에 따라 신설 학교 규모가 결정된다. 그런데, 과밀학급은 학생수 예측에 실패하기 때문에 발생한다. 위에서 예를 든 학교의 경우도 마찬가지다. 학교 주변 대형 아파트가 많기 때문에 학생들이 적을 것이란 예측이 잘못이었다. 하지만, 대형 아파트에도 초등학생 자녀를 둔 실수요자들이 대거 몰리면서 문제가 발생했다. 또한, LH가 땅이 팔리지 않는 경우 교육청과 사전 협의 없이 100세대, 200세대 정도의 소규모 아파트 단지를 조성할 수 있게 부지를 쪼개서 판다. 이렇게 건설된 아파트는 교육청의 학생 수요 예측에 포함되지 않고 그 결과 학교가 과밀학급으로 고통을 받게 된다.

과밀학급·과소학급 해소를 위한 대응방안 필요

과밀학급 해소를 위해 학교를 많이 지어야 한다. 학생들의 행복한 학습권은 헌법에서 보장한 권리다. 이 권리를 보장하려면 학급당 인원 25명, 학급 수는 20~25학급 수준으로 학급당 최소 3명 이상의 선생님이 있어야 한다. 하지만, 현실은 과밀학급 등으로 몸살을 앓고 있다. 문제는 학교 지을 땅과 예산이 부족하다는 점이다.

이에 대한 방안 두 가지를 제안했다. 첫 번째는 학교복합화시설이다. 공공시설 부지에 학교를 함께 짓는 방안으로 예를 들어 체육시설 부지에 학교를 함께 짓는 것이다. 학교복합화시설 계획은 2006년 노무현 정부 당시 교육부에서 제도적으로 제안해서 일부 시행을 한 적이 있으나 그후 흐지부지됐다. 현재 화성시가 학교복합화시설을 시범적으로 시행하고 있다.

두 번째 대안은 공동학구제다. 한강신도시에서 차를 타고 10분만 가면 폐교 위기의 초등학교가 있다. 일명 과소학급이다. 2016년 대곶면의 폐교위기에 처한 모 초등학교에서 간담회를 가진 바 있다. 당시 교육청은 학생 수 감소에 따른 폐교 위기 학교를 위한 학교 적정화사업을 발표했다. 그 내용은 학생은 주변 학교로 전학시키고 학교는 다른 교육 용도로 사용하겠다는 것이다. 하지만 학부모들이 반대하고 나섰다. 간담회 도중 학부모 한 분이 본인은 한강신도시에 살고 있는데, 아이를 시골 초등학교로 보내기 위해 위장전입한 것이라고 양심고백을 했다. 이 학교가 학생 수도 적고, 자연과 가깝고 자유롭게 뛰어놀 수 있고, 제대로 된 교육을 시키고 있고, 또 본인도 그렇게 하길 원해서 매일 신도시에서 차로 아이를 등하교시키고 있었다.

이렇게 좋은 환경을 아이들이 누려야 하는 아쉬움에 한숨이 절로 나왔다. 같은 지역에서 한쪽은 과밀학급 때문에 몸살을 앓고, 한쪽은 폐교를 이야기할 정도로 과소학급으로 고생하고 있는 상황이 참으로 개탄스러웠다. 그 자리에서 공동학구 의견을 냈다. 양심고백 학부모처럼 우리 아이들이 그런 학교를 희망하는 경우에 다닐 수 있게, 위장전입하지 않아도 다닐 수 있는 공동학구제를 운영하자는 내용이다. 교육청에서는 등하교 안전지도와 공동학구제는 오히려 폐교 위기 학교를 더욱 어렵게 만들 수 있다는 이유로 반대했다. 그 초등학교 주변의 학부모들은 아이를 한강신도시 쪽으로 보내고 싶어 하는데 그러면 한강신도시의 과밀학급은 해소되는 것이 아니라 더 악화

된다는 논리다. 그래서 일방향 공동학구를 제안했다. 즉, 대명의 그 초등학교에서 한강신도시로는 갈 수 없고, 한강신도시에서만 갈 수 있는 제한을 두자는 것이며 아이들 등하교는 수익자부담이라는 원칙을 적용해서 본인들이 부담하는 방식으로 시행하자는 것이다. 그리고 엄격히 제한을 두자는 것이다. 자칫 한 학기 혹은 한 학년만 다니다 원래 지역의 학교로 가겠다고 할 수 있기 때문이다.

결국 공동학구제를 시행하게 됐다. 아직 사람들에게 많이 알려지지 않았다. 물론, 공동학구제만으로 과밀학급이 완전히 해소되진 않는다. 하지만, 그나마 좀 숨통이 트일 수 있다고 본다. 공동학구제를 통해 거꾸로 시골 쪽에 초등학교 건설을 하면서 과밀학급을 해소해 줘야 한다.

여성, 학부모들과 담소,
김포시 진로교육지원체계 대회 참가

○ 보육인이 행복해야 아이도 행복하다

《사람이 먼저다》에서 문재인 대통령은 보육문제에 대한 다음과 같은 근본적인 철학을 제시하고 있다.

"보육은 이제 여성이나 가족의 책임으로만 맡겨둘 수 없습니다. 아이들이 건강하게 자랄 수 있도록 뒷받침하는 것은 국가의 의무이자 책임입니다. 따라서 '국가가 함께 책임지는 보육' 즉 '국가책임보육'의 개념을 도입해서 부모의 육아부담을 획기적으로 줄여야 합니다. 친정어머니가 아닌 국가가 보육을 책임져야 합니다."

보육, 국가 차원에서 보육환경을 지원하고 강화해야

보육은 국가가 책임져야 한다. 문재인 정부가 국공립어린이집의 비율을 40%로 끌어 올리겠다고 한 이유가 여기에 있다. 현재 우리나라 보육은 어린이집이 맡고 있다. 어린이집은 민간어린이집, 가정어린이집, 법인어린이집, 시립어린이집, 국공립어린이집으로 구분된다. 그 중 가장 대표적인 곳이 가정어린이집이다. 가정어린이집은 흔히 아파트 1층에 위치한 곳으로 어린이집 중 가장 많다. 사실상 대다수 아이들이 가정어린이집에서 보육을 받고 있는 셈이다.

문제는 가정어린이집 대부분이 경영에 어려움을 겪고 있다는 점이다. 언론을 통해 접하는 아동 학대 논란 등도 어려운 보육 환경에서 비롯된 경우가 많다. 낮은 보육료와 제도적 지원이 미비한 상황에서 보육인들이 어려움을 겪고 있기 때문이다. 하지만, 대다수 보육

인들은 성실하게 아이들을 돌보고 있다. 보육인들의 노력에 더해 국가도 보육인들을 위한 지원을 늘려야 한다.

국가가 책임진다는 것의 가장 궁극적인 목표는 모든 어린이집, 또는 모든 보육기관을 모두 국공립화하고, 종사하는 보육인들을 공무원화하는 것이다. 이를 통해 고용과 급여가 안정돼야 한다. 물론 100% 한다는 것은 불가능하다. 재정 부담 등이 있으므로 단계적으로 실현해야 한다. 그것보다 당장 현실적인 대안으로 어린이집의 어려운 경영환경을 도와줘야 한다.

최근 어린이집연합회 등에서 보육료를 현실화시켜 달라고 주장하고 있다. 보육인들의 어려움은 앞서 언급한 중소기업 문제와 논리가 똑같다. 즉, 청년들이 어린이집 교사를 꺼리는 이유가 적은 급여, 열악한 환경 속에서 아이들을 보살피는 게 힘들기 때문이다. 청년들은 기피하고, 수시로 시행하는 감사는 많으니 원장들이 직접 본인들이 해야 하니까 경영 자체가 힘들게 됐다. 따라서 보육정책의 근간을 이루는 보육교사의 처우 역시도 관심을 가져야 한다. 이 분들의 장시간 노동과 열악한 처우에 시달리면 보육의 질이 떨어질 수밖에 없다. 획기적인 개선책이 필요한 이유다.

지자체가 어린이집 지원에 적극 나서야

한편 자녀를 가정에서 키우는 경우를 위한 별도의 양육지원정책 역시 강구돼야 한다. 지금까지는 보육시설에 대한 정책과 지원에 집중하다 보니 가정 양육에 대해서는 소홀했던 측면이 있다. 양육비 지원 이외에도 전문 인력이 가정을 방문해서 양육을 지원하고 부모에게 여러 가지 유용한 정보를 제공하는 방안을 마련하면서 가정 양육에 도움을 준다면 사회적인 일자리 창출에도 기여할 수 있다.

현재 어린이집에 대한 지도 단속이 너무 많다는 볼멘소리가 많다. 이처럼 어린이집을 둘러싼 대내외적 환경이 열악하다. 물론 행정지도 단속은 분명히 필요하다. 하지만 필요 이상 빈번한 어린이집 수시 단속은 가뜩이나 열악한 환경에서 힘들어 하는 보육인들의 불만이 커질 수밖에 없다. 따라서 정부와 지자체, 보육인들이 수시로 모여 해법을 찾아야 한다.

보육료 현실화와 급·간식비 지원인상 등도 공론화해야 한다. 어린이집 원장은 경영하는 입장에서 수익이 줄자 사람을 덜 쓰게 되고 그 결과 보육 서비스 악화로 이어진다. 현재 어린이집 급·간식비 지원은 1,745원으로 이는 12년 전 그대로다. 요즘 먹거리가 굉장히 비싼데, 아이 한 명당 1,745원이니 급·간식이 부실할 수밖에 없다. 보육인 입장에서는 수익도 적은데 자비를 늘릴 수도 없는 악순환에 빠진다. 그러니 현재 엄마도 보육인도 모두 불만이 됐다. 국가가 원칙적으로 모두 해결해주는 것이 맞지만, 그게 현실적으로 불가능하면 지자체라도 지원할 수 있어야 한다.

이를 통해 어린이집 경영환경을 개선하고 보육환경이 바뀌져야 한다. 그래야 보육인, 아이, 엄마 모두 행복할 수 있다.

○ 복지는 생명을 보듬는 경제민주화의 꽃이다

혁명은 보듬는 것 / 혁명은 생명을 한없이 보듬는 것 / 온몸으로 따뜻하게 보듬어 안는 것 / 혁명은 보듬는 것 / 따듯하게 보듬는 순간순간이 바로 혁명 / 어미닭이 달걀을 보듬어 안 듯 / 병아리가 스스로 껍질을 깨고 나오도록 / 우주를 온몸으로 보듬어 안는 것 / 혁명은 보듬는 것 / 부리로 쪼아주다 / 제 목숨 다하도록 / 혁명은 생명을 한없이 보듬는 것 / 어미닭이 달걀을 보듬는 순간 / 스스로도 우주의 껍질을 깨고 나오는 것 / 한없이 보듬는 순간순간이 / 바로 개벽 / 개벽은 보듬는 것

– 김지하 시인의 〈남(南)〉에서

자유시장경제는 자유로운 경쟁을 기반으로 한다. 이를 위해 기회가 균등하게 제공돼야 하며 과정이 공정해야 한다. 그렇지 않으면 승자독식의 양극화 사회가 도래한다. 이를 막기 위해 국가가 나서야 한다. 또한, 경쟁에서 뒤처진 계층을 구제하고 다함께 잘 살 수 있는 복지국가를 만들어야 한다.

복지는 헌법에서 보장한 국민의 권리다. 때문에 국가는 국민 기본권으로 복지제도를 갖춰야 한다. 관련 법률의 제·개정도 이러한 원칙을 따라야 한다. 그래야 누구나 국가로부터 보호를 받고 복지 혜택을 누릴 수 있다. 그 결과 사회통합을 이루어낼 수 있으며 국가 경제의 선순환 구조를 만들어 경제성장에도 도움이 된다. 더 이상 분배가 먼저냐 성장이 먼저냐는 논란은 의미가 없다. 분배와 성장이

한 몸이기 때문이다.

우리나라 복지 전달체계 개선이 관건

우리나라 복지행정은 근본적으로 복지전달체계에 달려있다. 복지는 그물망과 같아서 촘촘히 짜지 않으면 제대로 복지혜택을 누릴 수 없기 때문이다. 이를 위해 복지 관련 예산과 공무원을 대폭 늘려야 한다. 서유럽을 비롯한 복지선진국들은 복지 담당 공무원들이 그물코처럼 촘촘하게 관리하고 있다. 우리나라는 복지부문이 공무원의 기피 대상이다. 너무 힘들기 때문이다. 일할 사람은 없는데, 어려운 사람을 돌보는 등 사소한 일들이 너무나 많은 게 복지업무다. 그래서 복지업무는 고단하고 손이 많이 가는 일이라는 인식이 공무원들 사이에 팽배해 있다. 우리나라 한 명이 담당해야 할 복지수요인력은 약 10만 명으로 굉장히 높다. 복지정책의 키포인트는 복지전달체계를 제대로 확립하는 것이다. 복지전달체계의 근본적인 해법은 복지공무원 또는 복지인력을 늘리는 것이다. 물론 그에 대해 악용하는 사례들이 많이 나오고 있지만, 미리 대비책과 보완책을 마련해야 한다.

복지분야는 노인복지, 장애인복지, 주거복지, 교통복지 등 영역이 세분화되어 있다. 세분화된 만큼 인력이 더 보강되고, 예산이 늘어나야 한다. 많은 분들은 "그럼 재정은 어떻게 마련할 것인가?"라는 질문하거나 복지 포퓰리즘이라며 나라 경제가 어려운데 복지에 대해서 신경 쓸 겨를이 어딨냐?고 반문한다. 복지정책에 관한 이런 근거 없는 공격들은 철 지난 이데올로기 논쟁이다. 경제학자 장하준은 "복지는 공동구매다."라고 주장한다. 나 역시 동감한다. 복지로 인해 새로운 수요와 시장이 만들어지고, 경제가 형성되면서 그것이 전체적인 국가의 수준을 높인다. 복지와 성장은 한 몸인 셈이다.

재벌이 보유한 현금의 20%만이라도 사회에 환원해 복지 수요에 사용한다면, 그로 인해 전체적인 국가 경제의 내수 시장이 활성화된다. 복지를 바라보는 기업들의 인식도 개선돼야 한다. 삼성, 엘지, 한화, SK 등 대기업들은 '어려운 독거노인 돕기'같은 사회환원 활동을 하고 이를 광고하기도 한다. 예전에 비해 많이 개선됐으나 여전히 실제적으로 이런 기업들이 내세우는 복지가 제대로 집행, 관리되고 있는지 국가나 지자체에서 파악이 이루어지지 않고 있다.

복지의 영역은 단순하게 예전처럼 불우한 사람들을 대상으로 하는 시혜적인 성격으로 보는 것은 안 된다. 요즘은 기업들이 나름대로 사회적 책임을 갖고, CSR(Corporate Social Responsibility, 기업의 사회적 책임) 개념을 바탕으로 사회공헌팀을 만들거나 일부 그룹들은 재단을 통해서 많은 혜택을 주기도 한다. 그런 것들은 당연히 높게 평가해야 한다. 그러나 그것은 말 그대로 기업활동의 한 부분인 PR하는 부분을 의미할 뿐, 근본적인 복지에 대한 대책은 아니다. 앞서 말한 것처럼 복지전달체계를 제대로 국민들에게 체감할 수 있는 수준으로 만들어야 한다.

양촌읍 마을봉사

촘촘한 노인 복지망, 어르신이 행복해야

어르신들이 낮에 거처하시는 곳이 주로 노인정, 경로당이다. 그래서 경로당이나 노인복지를 위한 시 지원, 예산 지원에 관한 요청이 많다. 요즘은 건강노년이란 말이 있다. 많은 어르신들이 노년을 활동적으로 건강하게 살고있다. 그러므로 시에서 운영하고 있는 다양한 노인체육프로그램이나 문화, 교육프로그램이 기본적으로 확대 강화돼야 한다. 더불어, 사각지대에 있는 독거노인 내지는 조손가정들에 대한 관심과 보살핌이 필요하다. 노인복지를 강화하기 위해 촘촘한 노인 복지망을 먼저 만들어야 한다. 노인 복지망을 촘촘히 만들려면 결과적으로는 노인들을 제대로 케어하고 살필 수 있는 복지공무원들이 더 필요하다. (예를 들어 주택개량, 반찬봉사, 도시락봉사 같은 기본적인 것들을 함께하는) 자원봉사센터 등 다양한 봉사회들을 통해서 복지수급체계를 만들어 놓고 있지만, 보다 더 안정적인 노인 복지망을 운영하기 위해서는 담당복지 공무원들이 충분히 보강이 돼야 한다.

김포의 경우, 구래동, 통진읍 등에 사할린 출신 어르신들이 많이 살고 있다. 사할린동포출신이 대략 500분 정도로 이 분들에 대한 맞춤형복지시스템이 필요하다. 언어보다는 문화적 이질감에서 오는 어려움이나 불편함을 해소시켜주면서 자연스럽게 김포의 어르신이나 시민들과 융합될 수 있는 것이 필요하다.

복지는 미래를 위한 투자, 사람을 위한 투자다. 현재 우리가 처해 있는 경제 상황에서 복지를 강화하지 않으면 더 이상의 의미 있는 성장도 기대하기가 어렵다. 과거 노무현 정부 시절 '사회투자전략'을 제시한 바 있다. 이는 인적 자본과 사회적 자본에 대한 투자를 늘림으로써 국민의 경제참여를 늘려 일자리와 경제성장을 이루겠다는 것이다.

사회투자전략은 영국 사회학자 테일러 구비에 의해 제창됐는 바, 복지를 경제적 부담이 아닌 사회적 투자로 인식한다. 사회투자전략은 전통적 복지국가의 내용을 유지하면서 새로운 사회위험에 대응하여 '적극적 복지국가' 방향을 제시하고 있다. 따라서, 테일러 구비는 한국에서 사회투자전략이 성공하기 위해서는 대규모 증세가 필요하다고 주장한다. 복지를 통해서 보육, 교육, 의료, 요양 등을 비롯한 다양한 분야에 사회적인 일자리를 창출할 수 있다. 이렇게 되면 실업난을 해소할 수 있는 것은 물론이고, 지금 자영업에 지나치게 몰려 있는 과잉인력도 흡수할 수 있다.

○ 읽고 쓰고 나누는 인문학도시 김포

김포에서 활발하게 청년문화운동을 하고 있는 사회적 기업 어웨이크 여운태 대표의 《북변동 다른 이름 저장》을 보면 익숙하지만, 인정하고 싶지 않은 '김포'에 대한 서글픈 인상이 책 행간에 꼼꼼히 새겨져 있다.

"누구나 고향이라고 부르는 곳이 있다. 돌아갈 고향이 있다는 것, 얼마나 기분 좋은 일인가. 나에게 북변동이 그런 곳이다. 사람들은 김포를 김포공항 있는 곳으로 알지만, 김포에는 김포공항이 없다.(중략)

"김포는 서울과 이렇게 가까운데 왜 발전이 안 되었나요?" "김포에는 버거킹도 없잖아"

나는 다른 지역보다 유독 김포가 서울동경이 강하다고 느낀다.

강화는 오래전부터 유배지였는데 그 유배지로 떠나는 죄인들이 지나는 길목이 김포였단다. 그렇듯 유배지를 향하는 많은 사람들이 지나가는 것을 농사를 지으며 애써 외면했다는 것이다. 지금도 비슷하다. 수많은 관광객들이 강화를 찾는 길목에 김포가 있다. 사람들이 강화에서는 돈을 쓰고, 김포에서는 돈을 쓰지 않으니 "돈은 강화에서 쓰고, 자동차 매연은 김포사람들이 다 마신다."는 말까지 나왔다. 우리는 강화로 가는 많은 관광객들의 발목을 잡고 김포에 다양한 관광자원들을 홍보하고 있지만 어려움을 겪는 것이 현실이다."

김포의 인문학적 가치를 위해 '시민에 의한 시민강좌', '시민에 의한 시민토론', '시민에 의한 시민정책'을 시행할 필요가 있다. '교학상장(敎學相長)'이라는 말처럼 배움과 가르침은 같다. 학교에서 강의를 하다보면 오히려 학생들로부터 배울 때가 종종 있다. 그런데 '책 읽는 인문학도시'에 대한 뜻도 좋고, 누구나 동의할 수 있는 가치인데, 중요한 것은 어떻게 할 것인가에 따라서 방법이 전혀 달라진다. 그런 측면에서 '교학상장' 모델을 적극 도입할 필요가 있다. 흔히 '재능기부'란 말로 서로 지식을 나누고 배운다면 인문학적 소양과 가치가 뛰어난 김포를 만들 수 있다.

시민이 서로 영향을 주고받는 교학상장 토론 문화 형성

무엇보다 시민들이 민주적 토론문화를 정착시켜야 한다. 이를 위해 시민들끼리 모여서 특정 서적이나 이슈를 가지고 토론을 할 수 있는 장을 만들어야 한다. 그런 점에서 생각해 본다면, 시민에 의한 강사제도가 고려해볼 수 있다. 예를 들어 10명이 있을 경우, 한 명씩 돌아가면서 발제를 하고 강의를 하는 방식이다. A는 '르네상스 시대의 인문학'을 강의하게 하고, (전공에 맞추거나 다양하게 정할 수 있다.) 다음 주는 B에게 '동성애 어떻게 바라볼 것인가?'라는 주제로 강의도 하고 토론을 이끌도록 하는 것이다. TED나 세바시(세상을 바꾸는 시간 15분)처럼 시민들이 자유로운 주제를 갖고, 해당 그룹이나 멤버들에게 강의하게 하고, 토론할 수 있는 일종의 '시민토론문화'를 확산시켜야 한다. 시민에 의한 시민강사, 시민에 의한 시민정책도 고려해야 한다. 그렇게 토론이 활성화되고, 남의 의견에 대해 듣고, 나의 주장도 하면서 함께 접점을 찾아가는 문화가 정착돼야 한다. 지자체는 도서관을 통해서 이루어질 수 있도록 지속적으로 지원해야 한다. 혹은 민간교육기관이나 복지기관, 또는 주민자치센터 내에서도 즐거운 토론대회같이 주기적으로 경연대회를 여는 것도 방법이 될 수 있다.

시민과 젊은 예술가가 함께하는 문화공감 예술지원 필요

문화예술분야가 활성화되려면 무엇보다 예술인들이 안정된 환경에서 예술활동과 공연활동을 할 수 있는 기반부터 갖춰야 한다.

김포 북변동에 청년들이 운영하는 '모두의 공간'이란 곳이 있다. 이 곳에서 젊은 청년 예술인들이 저렴한 공연환경에서 나름대로 끼를 발산할 수 있도록 다양한 기획을 하고 있다. 이런 곳을 북변동뿐만 아니라 양촌, 한강신도시, 통진읍 등 도처에 만들어야 한다. 젊은 창작인들이 와서 안정되고 저렴한 환경에서 자유로운 창작활동과 공연활동을 하고, 시민들과 공유할 수 있는 기반부터 먼저 조성하자는 것이다. 이를 위해서는 지자체가 적극적으로 지원할 필요가 있다. 또한, 청년예술인지원 기금을 조성해서 일정한 수준에서 그들의 작업공간, 공연 알선, 연계까지 폭넓게 지원할 필요가 있다. 화가의 경우, 한강신도시 내 각 아파트 단지내 작업공간과 전시공간을 마련해 주어야 한다. 전시 비용은 지자체가 적절하게 부담한다. 이처럼 시민들이 젊은 예술가와 함께 호흡하고 교류하고, 향유할 수 있는 장치를 만들어야 한다.

○ 지금 김포가 해결해야 할 과제는

　김포의 가치는 김포인 스스로 가꾸어야 한다. 지금까지 '김포'하면 떠오르는 이미지는 포근한 고향 같은 보금자리의 이미지보다는 왠지 불안하고 정착하지 못할 것 같은 중간기착지 같은 느낌이 많았다. 그도 그럴 것이 김포엔 오래전부터 형성된 농촌지역과 늘 해병대 군사작전이 펼쳐지는 군대 훈련지 같은 부유(浮遊)하는 이미지 때문이리라. 오죽했으면 우스갯소리로 '김포에는 김포공항이 없고, 김포는 강화 여행객들이 그냥 지나치는 농촌동네'라는 말까지 나오겠는가.

　하지만 지금 김포는 하루가 다르게 발전하고 있다. 그리고 그 발전의 과도기에서 일어나는 다양한 문제들을 해결하면 경기도의 부도심권으로, 경기 서북부 통일경제의 핵심지역으로 급부상하는 날도 머지않다. 그런 의미에서 김포가 시급히 해결해야 할 과제들을 몇 가지 적어본다.

　첫째, 김포의 발전을 위해 시급히 해결해야 할 것은 교통이다. 김포가 한강신도가 들어오면서 인구가 팽창하다보니 하루빨리 교통대책을 마련해야 한다.

　구체적인 대안으로 지하철 5호선의 연장과 도시철도의 안정적 운영을 제시할 수 있다. 나아가 도시철도의 북부 5개 읍면 연장을 장기적으로 내다봐야 한다. 지하철 5호선 차량기지를 누산리로 건설하고 장기적으로 강화도 또는 (몇 분이 제안하는 것처럼) 개풍군까지 뻗어나갈 수 있는 계획을 세워야 한다. 마을버스를 준공영제로 운영해 교통 소외지역이 없도록 교통망체계를 짜야 한다.

둘째, 자족경제기능을 갖춘 김포로 가꿔야 한다. 현재 같은 상황에서는 김포도 베드타운으로 전락할 가능성이 매우 높다. 김포시는 북부 5개 읍면을 중심으로 약 8천개의 공장이 있고 중소기업이 굉장히 많다. 경기도 내 4위 수준으로 중소기업이 많은 곳이기 때문에 이 중소기업들의 산업지형들을 적극적으로 변화시켜서 혁신기업과 벤처기업들이 김포에서 활성화될 수 있는 산업생태계를 조성해야 한다. 그래야 김포에서 거주하고 있는 시민들이 서울시나 고양, 다른 곳으로 나가지 않고, 자족기능을 갖춘 도시로서 거듭날 수 있다.

셋째, 지역 간 갈등을 치유하고 함께 나누는 지역사회를 만들어야 한다. 북부 5개 읍면과 남부도시권의 발전의 차이도 다르고, 괴리감이 굉장히 심하다. 북부 5개 읍면에 관한 종합적인 발전계획들이 나와야 한다. 현재 정하영 시장이 추진하고 있는 사업들은 이같은 발전계획에서 준비하고 있다. 예를 들어 고정리 일대 평화경제특구의 조성, 해강안 일주 관광도로 건설, 대곶면 일대 자유경제구역 조성 등 다양한 개발 계획이 맥을 같이 하고 있다.

김포에 수도권 전체를 대표하는 종합레저단지를 만들어야 한다. 종합운동장에서부터 각종 테마파크 같은 관광형, 레저형 휴식공간들이 김포에 마련되면 김포시내의 자족적 기능도 해결될 뿐만 아니라, 주변의 고양, 부천에서도 찾아올 수 있는 기회 요소들이 많아진다. 많은 시민들이 김포는 관광자원이 부족하다고 지적한다. 그러다 보니 김포를 강화를 목적지로 두고 가기 위한 지나가는 길로만 사람들에게 인식되어 있는 경우가 많다. 이를 극복하기 위해 대규모 스포츠 및 레저시설이 조성돼야 하고, 한강의 평화적 이용이 활발해져야 한다. 지난해 판문점선언, 9.19선언을 통해서 한강을 평화적으로 이용할 수 있는 계획들이 발표됐고 한강의 평화적 이용을 위한 수로 조사도 끝마쳤다.

마지막으로 세대 간 갈등을 치유하고 함께 나누는 지역사회를 만들어야 한다. 김포의 경우, 평균 나이가 38.9세로 전국에서 두 번째로 젊은 도시다. 하지만, 자세히 들여다보면 지역별 편차가 심각하다. 한강신도시는 젊은 층이 모여 살지만 구도심이나 북부 5개 읍면의 경우는 평균연령이 꽤 높다. 시청 주변의 김포본동, 고촌에 거주하는 중년층이 상당히 많다. 김포에서 꽤 오랫동안 거주하고 있는 분들이 많다. 그래서 김포에 대한 정서가 한강신도시의 젊은 주민들과 상당한 괴리가 있다. 이러한 세대 갈등을 극복하기 위해서는 젊은 청년들을 위해서 청년지원센터를 설치해야 한다. 예를 들어서 한강신도시를 중심으로 청년지원센터를 설립해서 김포시의 청년들에게 김포시를 알리고, 지역사회를 이해하면서 함께 공동체를 위한 사업도 발굴해내는 작업이 필요하다.

나누고 보듬는 손

정의로운 **손**

대한민국의 모든 부패와 모순은 청산해야 할 것들을 청산하지 못한 우리들의 두려움에서 비롯됐다. 대한민국 헌법을 국민의 뜻에 따라 개정하고 정의와 형평, 실질적 자유와 평등이 보장되는 공정하고 공평한 사회를 만들어야 이 나라에 미래가 있다.

어머니

오산고등학교 문예반

촛불혁명

경제가 정치다

문재인 대통령

사람중심 혁신경제

경제민주화

1987년

노동운동

가족

마음의 양식

인생의 책

어렸을적 집은 텅 비었다. 어머니는 일찌감치 일 나가셨고, 형은 학교에서 돌아오지 않았다. 나는 빈 방에 책가방을 던져놓고 아이들과 어울려 골목길을 누비며 놀았다. 놀다가 지쳐 집으로 돌아와도 여전히 집은 텅 비어 있었다. 어머니는 정말 어렵게 우리 두 형제를 키우시며 홀로 눈물로 지샌 날들이 하루 이틀이 아니다. 기억 속 아버지는 없다. 아니 잊고 싶은 존재다. 그냥 이상한 아저씨였다. 집에는 돈 한푼 갖다 주지 않으면서 걸핏하면 어머니에게 돈 내놓으라고 행패를 부렸다. 형과 나는 아버지에 대한 실망감, 배신감이 가슴 깊이 남았다. 결국 아버지는 집을 나갔고 어머니 혼자 나와 형을 키웠다. 그런데 나는 불행하지 않았다. 모든 걸 상쇄하고도 남을 어머니의 사랑이 있었기 때문이다. 어머니는 안 해본 일이 없었다. 여자 혼자 아들 둘을 키운다는 게 얼마나 어려운 일인가. 보험사원, 화장품외판원 등 닥치는 대로 생계를 유지할 수 있는 일이라면 무엇이든 하셨다. 이처럼 어머니는 세상에서 가장 고단한 인생을 사셨다. 그렇게 어렵고 힘들게 형과 나를 키웠지만 이상하게도 우리집은 큰소리 한번 안나는 가난하지만 행복한 집이었다.

샤프와 흰 원고지를 건네신 어머니의 손

경북 영덕에서 태어난 나는 내나이 3살 무렵 가족이 서울로 이사왔다. 6살 무렵 서울 보광동에 정착한후 대학때까지 살았다. 아직도 어릴 적 뛰어놀던 골목길이 기억에 생생하다. 어느 날 어머니는 내 손을 잡고 동네에 있는 교회에 다니기 시작했다. 어머니는 고단한 삶에 하나님께 생활의 수고를 위로받고 싶었을 게다. 그때는 모두가 어렵던 시절이라 교회에서 형편이 어려운 아이들을 많이 돌보았는데, 나도 그 중 하나였다. 교회에서 놀러 다니고, 흙장난도 많이 하고, 교회 안에서 뛰어다니면서 구김살 없이 또래 아이들과 어울려 놀았다. 우리가 정신없이 교회 복도를 뛰어다니면 목사님은 웃으면서 "개구쟁이 녀석들, 그만 좀 뛰어다녀라"고 말씀하시던 게 생각난다.

어머니는 자식들이 글줄깨나 하는 아이로 성장하길 바라셨다. 초등학교 3학년 어느 날, 어머니가 저녁에 샤프하고 흰 원고지를 사 오셨다. 당시 샤프나 흰 원고지는 부잣집 아이들만 쓰는 학용품이었다. 내가 몽당연필로 갱지에 글씨 쓰고 어렵게 연습하는 걸 보셨는지 그걸 사주셔서 굉장히 소중했던 기억이 난다. 그때부터 나는 글쓰기를 좋아했다. 어머니는 틈나는대로 셰익스피어 전집 등 책을 사주셨다. 내가 사달라고 했던 것인지, 어머니가 사주셨던 것인지는 정확하게 기억나지 않지만, 없는 살림에도 어머니는 책 사주는 것만큼은 남부럽지 않게 해주셨다. 또한, 세 끼 밥 제대로 챙겨먹지 못하는 형편에도 동아일보 같은 신문을 계속 구독했다. 신문을 보노라면 온갖 한자 투성이라 무슨 뜻인지 모를 때가 많았다. 나는 신문을 읽고 싶으니까 어머니께도 물어보고, 동네 아저씨에게도 물어보면서 한자를 천자문 배우다시피 익히며 읽었다.

6학년 때에는 담임선생님이 토론 수업을 자주 열었다. 자연히 내가 말이 많아졌다. 당시 토론 수업은 파격적인 방식이었다. 특정 주제를 주도적으로 질의하고 토론했고, 글쓰기와 토론하기를 익히기 시작했다.

중학교 시절은 사춘기였다. 교회를 꼭 다녀야 하나, 학교 공부는 꼭 해야 하나 하는 내 삶에 대한 회의를 많이 했던 시기였다. 집안 사정이 어려워서 어머니가 고생하는 모습에 아버지에 대한 원망이 쌓였다. 아버지는 무책임한 남자였고 나는 결혼하지 않겠다는 반발심도 생겼다. 중학교 어머니가 사준 책을 많이 봤다. 학교 도서관에 앉아 책을 읽다 집에 오는 날이 많아졌다. 이후에도 어머니는 틈나는 대로 책을 사주셨다.

내 인생의 전환점이 된 오산고 문예반

보광초등학교, 오산중학교를 거쳐 1983년도에 서울 오산고등학교에 진학했는데, 학교 서클에 들어간 후 나는 완전히 다른 사람이 됐다.

고등학교에 들어간 지 얼마 안 돼 문예반을 모집한다고 해서 지원했는데 합격한 것이다. 문예반에서 본격적으로 선배들로부터 시를 비롯해 문학을 배우기 시작했다. 그 무렵 대학교에 다니는 선배들이 학교에 자주 왔다. 당시는 전두환 군부독재시절로 선배들은 우리가 몰랐던 내용을 이야기해주고, 저항문학에 대해 알려주기 시작했다. 굉장한 충격이었다. 김지하의 《오적》김지하 지음. 솔 출간, 조태일의 《국토》조태일 지음. 창비 출간, 신경림의 《농무》신경림 지음. 창비 출간 등 당시 금서로 분류된 시

저자의 어린시절, 어머니와 함께

집들을 즐겨 읽다 보니 완전히 다른 문학세계가 열렸다. 이런 시들이 사회를 바꿀 수 있다는 막연한 느낌을 받았던 것이다. 그래서 그 분야에 대해 더 알고 싶은 생각이 들었다. 1학년 때 선배가 서울 남영동 대공분실 옆의 청소년 문화학교에 나를 데리고 갔다. 그곳에는 하늬벌이라는 다섯 개 고등학교 문예반 연합 써클이 있었다. 그곳은 또 다른 세계였다. 그때 대학에 다니는 선배들이 직접적으로 전두환 군부독재에 대해 이야기 해주며 소위 말하는 의식화 교육을 시켰다. 체계적인 교육은 아니지만, 봐도 무슨 말인지도 모르는 이영희 교수의 《전환시대의 논리》^{리영희 지음, 창비 출간}, 《노동의 철학》^{청년사 출간} 같은 것들을 설명해줬다. 그런 책들을 읽고 토론하면서 '세상이 바뀌려면 철학이 바뀌어야 되는구나'라는 생각을 하기 시작했다. 철학이 바뀌지 않는 한 문학도 바뀔 수 없다는 생각을 하게 됐고, 그곳에서 만난 친구들과 뭔가 뜻있는 일들을 해보고 싶다는 생각을 하게 됐다.

2학년이 됐을 때 다른 학교 문예반 친구들, 장충고등학교, 영등포고등학교, 상명여고 등 대여섯 개 학교 친구들과 동인지를 만들었다. 다소 어설프지만 각자 시와 산문을 써서, 옛날 선비들이 글에 돌을 남긴다는 의미로 글월 문에 돌 석자를 쓰는 문석(文石)이라는 문예집을 발간했는데, 3호까지 발간하고 중단했던 기억이 난다.

일찍부터 시대에 눈을 뜨는 바람에 공부는 뒷전으로 밀려났다. 공부보다는 세계를 바꾸고 싶다는 생각이 들기 시작한 때였다. 우리 가족의 불행한 역사가 개인의 책임으로만 돌리기에는 사회가 너무 잘못되어 있다는 걸 어깨 너머로 보고 인식하기 시작했다. 고등학교 생

활 자체가 다른 학생들과는 다르게 굉장히 파격적이었다.

　고등학교 2학년 때 박노해 시인의 《노동의 새벽》[박노해 지음, 풀빛 출간]이 출간됐다. 당시 교지편집을 위해 서대문 근처 인쇄소에 교정을 보러 자주 갔다. 친구들과 서대문 사거리에 있는 인쇄소에서 교정을 보고 광화문 교보문고까지 걸어가 책을 구경하던 적이 많았다. 그 무렵 박노해 시집이 출간돼 교보문고 매대에 전시되어 있었다. 어느날 시집을 펼쳐들고 두 페이지 정도 읽는 순간 전율이 왔다. 이런 시가 있구나 싶어서 나도 모르게 그 책을 품고 교보문고를 빠져 나왔다. 그 길로 친구와 둘이서 《노동의 새벽》을 보면서 시를 이런 식으로 쓸 수 있다는 것에 감탄하면서 문학 토론을 했다. 《노동의 새벽》은 노동자의 입장에서 노동자의 말로 썼다는 것 자체가 우리에게는 굉장한 충격이었고, 민중의 언어로서 어떻게 시로 승화됐는지 깨달았다. 그래서 그 시집을 다른 학교 문예반, 문학서클과 모여서 공부도 하고 토론도 했다. 결론은 "문학이 지식인의 전유물이 될 수는 없다, 민중의 언어로서 민중의 삶을 표현해 내지 않는 문학이란 사치일 뿐이다."

라는 것이었다.

대학가기 위한 공부, 한신대 철학과 진학

그때까지 나는 학교 공부는 관심이 없었다. 시험때만 반짝 공부로 겨우 내신을 유지할 뿐이었다. 담임 선생님은 이러다 대학도 못 간다며 엄한 짓(?) 하지 말고 학업에 전념하라고 일러주셨으나 쇠귀에 경읽기였다. 선배들도 문예반원은 우수한 학업을 유지해야 한다고 압박(?)했다. 나는 집안 형편만 본다면 대학을 갈 수 없었고, 가더라도 전문대나 취직이 잘되는 곳에 가서 기술을 익히거나, 돈을 벌어야 했다. 그 무렵 형은 미대를 다니고 있었고 나는 문학을 배운다며 쏘다니니 어머니는 복장이 터졌을 게다. 그럼에도 내색을 하시거나 잔소리하지 않으셨다. 심지어는 고등학교 때 친구들과 술 마시고 집에 가면 어머니가 "이 미친놈들아 술 작작 먹어라." 야단치면서 해장국을 끓여 주실 정도였다. 지금도 여전히 어머니는 친구들의 안부를 묻곤 한다.

2학년을 마치고 주변을 보니 위기감을 느꼈다. 나도 대학 가려면 공부를 해야겠구나 싶었다. 3학년이 됐으니 큰 꿈을 이루기 위해 공부에 집중하자고 마음먹고 일년간 공부에 전념했다. 하지만, 학력고사 성적은 실망스러웠다. 원하는 대학교에 가기에 턱없이 모자랐다. 어떻게 해야 하나 고민하던 차에 어머니는 대학교를 제대로 가고 싶다면 재수를 해도 괜찮다고 하셨다. 재수를 시작할 무렵 병원에서 폐결핵에 영양실조로 무조건 쉬어야 한다는 진단을 받았다. 하늘이 무너지는 심정이었다. 몸은 아프고, 집안 형편은 어렵고, 학력고사는 다가오는데, 뭘 해야 할지 갈피를 잡지 못했다. 일 년을 요양하고 학력고사를 겨우 한달 앞두고 공부를 시작했다.

지금도 그때를 돌이켜보면 당신은 그렇게 힘드셨으면서도 아들 녀석이 기죽을까봐 늘 얼굴에 고단한 미소를 지으시던 어머니 얼굴이 떠오른다. 하나님으로부터 위로를 받으며 여자 혼자의 몸으로 생떼 같은 자식 둘을 기죽지 않고 자기가 하고 싶은 거 하게 하려고 그렇게 고생고생하시며 나에게 샤프와 흰 원고지를 내미셨던 투박한 당신의 손. 자식들 잠자기만을 기다려 부엌 한 구석에서 삶의 신산한 무게에 고개 숙여 눈물을 훔치시던 한 여자의 서러운 손. 그 손과 정성이 있었기에 나는 지금 이렇게 사회에 나와 사람 구실하며 살고 있다.

직장 생활

어제 제3차 박근혜 퇴진 김포시민 촛불대회에 참석했습니다.

국민들이 원하는 것은 거짓 눈물이 아닌 즉각 퇴진과 감옥행입니다.

박 대통령은 헌법을 파괴하고 부정과 비리를 일삼아 세계적인 웃음거리로 전락했습니다.

지난 10월 일본 출장 때 참의원 의원과 NHK 편집국장 등과 만난 적이 있습니다. 저는 "일본의 위기는 정치의 위기"라며 일본은 민주주의를 쟁취하지 않고 미국으로부터 강제 이식됐다보니 자민당의 장기집권에도 위기의식이 없다고 강조했습니다. 민주주의를 모른다는 거죠.

그런데, 박근혜-최순실 게이트로 우리가 일본보다 낫다는 제 생각이 잘못됐음이 드러났습니다.

지금이라도 늦지 않았습니다. 당장 박근혜를 끌어 내리고 자유롭고 정의로운 대한민국을 만들어야 합니다.

국민의 힘으로 대한민국을 리셋해야 합니다. 저도 앞장서겠습니다.

희망의 외침, "박근혜는 퇴진하라!"

— 김준현의 더불어 정치, 2016년 12월 2일

대한민국은 친일청산에 실패한 아픈 역사를 안고 있다. 1945년 일제로부터 해방됐지만 이승만은 친일세력과 손잡고 정부를 수립한 후 대통령에 취임했다. 1948년 9월 22일 반민족행위자 처벌법이 공포되고 반민특위가 출범했으나 이승만 정부의 방해와 친일경찰들에 의해 좌절됐다.

세계는 청산해야 할 역사는 분명히 청산했다. 프랑스는 2차 세계대전 후 독일에 부역한 반역자들을 샅샅이 색출해내 민족의 이름으로 처단했다. 독일은 2차 세계대전의 전범국으로서 수백만 명의 유태인을 학살한 나치독일의 만행을 영구히 보존해 후세에 교훈이 되도록 교육하고 있다. 청산해야 할 역사를 제대로 청산한 나라만이 세계사의 당당한 주역이 될 수 있다.

우리는 친일독재 부정부패 세력의 지배를 받으며 반쪽뿐인 민주주의 국민으로 살아 왔다. 3.1운동과 임시정부에 의해 면면히 이어온 대한민국의 정통성을 애써 부인하려는 그들은 건국절이 대한민국 탄생의 기원이라고 한다. 5.16 군사 쿠데타를 미화하고 광주민주화운동에 북한군이 개입했다고 황당한 주장을 한다. 심지어 온 국민의 촛불혁명마저 부인하려는 모습을 보이고 있다. 이처럼 독재세력 후예들은 온갖 기득권을 누리며 '저들만의 근현대사'가 적통이라며 역사 교과서 왜곡을 서슴치 않았다. 과연 이런 세력들의 적폐를 끝내지 않는다면 우리가 바라는 자유와 평등이 공평하게 살아 숨 쉬는 민주주의 국가가 될 수 있을까.

국가의 존재 이유가 무엇인가? 국민의 생명과 안전을 지키는 것이다. 그래서 안보가 중요하고 질병과 재해로부터 국민의 생명과 안전을 지켜야 하는 게 국가의 제일 중요한 임무다. 2014년 세월호 참사는 국가의 존재 이유를 다시 한 번 물은 계기였다. 생방송으로 아

이들이 차디찬 바닷속에 잠겨가는데 국가는 그저 멍하니 바라보고 있었다. 박근혜 대통령은 한가하게 청와대 관저에 머물러 있었다. 생떼같은 우리 아이들이 죽어가는데 누구 하나 그 속에서 나오라 단 한 마디 외치지 않고 구조를 책임져야할 국가는 그 어디에도 보이지 않았다. 국가의 존재 이유를 생각하면 단 하루도 우리가 세월호 문제를 잊어서는 안 된다.

국민이 정치를 주도하는 국민혁명의 시대로 가야

우리는 해방후 지금까지 친일 반민주 독재시대를 겪었다. 지난 2016년 온 국민이 '이게 나라냐?' 며 촛불혁명을 일으켜 마침내 친일 반민주 시대를 마감할 수 있는 기회를 맞았다. 하지만, 박정희, 전두환 군부에 의해 좌절된 역사를 되풀이 하지 않으려면 우리가 제대로 에너지를 모아 국민들이 원하는 바대로 우리 사회 시스템을 바꿔야 한다.

이제 국민이 정치를 명령하는 국민혁명을 맞아야 한다. 그 출발이 온갖 적폐를 청산하는 일이다. 이는 국민이 촛불을 들고 혁명을 일으켜 외친 엄연한 명령이다. 적폐청산이야말로 올바른 역사를 세우고 비로소 국민혁명 시대를 열 수 있다.

대한민국의 모든 부패와 모순, 어두운 그림자는 청산해야 할 것들을 청산하지 못한 우리들의 두려움에서 비롯됐다. 대한민국 헌법을 국민의 뜻에 따라 개정하고 정의와 형평, 실질적 자유와 평등이 보장되는 공정하고 공평한 사회를 만들어야 이 나라에 미래가 있다.

다시 어둠이 오고 또 겨울이 와도

우리가 해낸 이 혁명의 기억으로

우리는 다시 살고 사랑하고 분투할 것이다.

선하고 의로운 이들은 아직 죽지 않았고

소리 없이 희망의 씨를 뿌려가고 있으니.

그 추웠던 겨울 주말마다 촛불광장으로 나와

나라를 살려내고 인간의 위엄을 빛내주신

그대의 언 발등에 입맞춤을 보낸다.

힘겨운 나날 속에서도

곧고 선한 마음으로 인생을 살아가는

그대 젖은 어깨 위에 늘 무지개 뜨기를.

2017년 10월 박노해

경제가 곧 정치다

존경하는 의장님과 동료 의원 여러분! 문재인 대통령은 국민성장을 경제 기조로 내세웠습니다. 국민성장은 네 가지입니다.

첫째, 소득주도 성장입니다. 소득이 늘어야 내수가 살아납니다. 이를 위해 최저임금을 인상하고 정규직 전환을 서둘러야 합니다.

국민성장의 두 번째는 일자리 성장입니다. 먼저 공공부문 일자리를 늘려야 합니다. 우리나라는 공공부문 일자리가 OECD 절반에도 못 미치는 7.6% 입니다. 공공부문만 OECD 수준으로 늘려도 청년일자리 문제는 크게 해결됩니다.

국민성장의 세 번째는 대-중소기업의 동반성장입니다. 대기업이 중소기업을 너무 쥐어짭니다. 월급도 적고 복지도 형편없습니다. 그러니 누가 중소기업에 가겠습니까? 중소기업을 살리려면 대기업과 중소기업의 거래가 공정해야 합니다.

국민성장의 네 번째는 혁신 성장입니다. 최근 경제 화두인 4차 산업에 대비해야 합니다. 혁신창업 국가를 만들어야 합니다. 4차 산업혁명에 대비하려면 무엇보다도 시장경제 질서가 공정해야 합니다. 미국과 독일이 4차 산업혁명을 주도하는 이유는 공정한 시장경제 질서 때문입니다.

이 같은 시대적 흐름을 반영해 경기도형 일자리 정책을 재조정해야 합니다. 그리고 이를 이끌어갈 조직을 구성하고 기업의 사회적 책임을 다하도록 이끌어야겠습니다.

– 김준현 경기도의원, 도의회 5분 발언 중에서

'경제가 곧 정치다.'라는 말이 있다. 제 아무리 숭고한 이념과 높은 뜻이라 한들 먹고사는 문제를 해결하지 않으면 아무 소용이 없다는 의미에서 비롯됐다.

우리나라는 지난 산업화 시대에 '장남이 잘 살면 그 집안이 흥한다'는 논리로 경제성장을 이끌어왔다. 한국전쟁 후 극도로 피폐해진 국가자원을 대기업에 집중해 어느 정도 성과를 이뤘다. 짧은 시간에 세계 12위 경제 규모로 성장해 세계를 놀라게 했다. 그결과 지난해 세계 7번째로 3050클럽에 가입했다. 3050클럽은 1인당 국민소득 3만 달러 이상, 인구 5천만 명 이상 국가를 가리키는 용어로 이들 국가들이 세계 경제를 이끌어 간다. 현재 30-50 클럽에 가입된 국가는 우리를 포함해 일본(1992), 미국(1996), 영국(2004), 독일(2004), 프랑스(2004), 이탈리아(2005) 총 7개 국가다.

우리를 뺀 나머지 국가들은 2차 세계대전 당시 주요 전쟁 당사자였다는 공통점이 있다. 즉, 연합국(미국, 영국, 프랑스)과 동맹국(일본, 독일, 이탈리아)으로 나뉘어 세계 패권을 놓고 전쟁한 당사국들이다. 또한, 이들 국가들은 19세기부터 산업화를 일으켜 오랜 세월 국가 자원을 축적해 왔다. 우리는 이런 나라들과 어깨를 나란히 하게된 것이다.

그런데, 우리 삶은 과연 3만 달러만큼 풍족한가. 청년은 여전히 취업난에 힘들고 중소기업과 자영업자는 최악의 어려움을 겪고 있다. 가계 경제 역시 날로 힘들어져 지난 1/4분기 가처분 소득은 십년만에 마이너스를 기록했다. 그결과 양극화가 두드러져 통계청 발표에 따르면 2018년 '균등화 처분가능소득 5분위 배율'이 5.95배였다. 이 같은 소득 격차는 통계청이 관련 통계를 작성하기 시작한 2003년 이후 최대 수준이다. 그리고, 조세와 복지를 통한 소득재분배 기능은 2016년 OECD 27개 국가중 26위로 최하위에 머물러 있다. 이같은 양극화의 원인은 소위 만형론에서 비롯됐다. 다시말해 산업화 시대 만형론 혹은 낙수효과 이론이 경제를 일으키는데 어느정도 유효했다면 지금은 양극화를 심화시키고 경제불황의 원인으로 작용한다.

문재인 정부의 소득주도 성장이 필요한 이유다. 문재인 대통령은 올해 초 "사람 중심의 혁신경제를 표방을 하면서 다 함께 잘 사는 포용적 혁신국가를 만들겠다"고 선언했다. 전적으로 동의한다. 이른바 낙수효과에 따른 경제성장은 그 시효를 다했다. 이제 4차 산업혁명 시대를 맞아 중소기업과 벤처기업이 혁신을 주도하는 경제성장 시대를 만들어야 한다. 또한, 조세와 복지 시스템을 강화해 소득을 고루 늘리는 정책으로 내수를 키워야 한다. 나아가 평화경제 시대를 앞당겨 한반도 경제의 새로운 돌파구를 만들어야 한다.

사람 중심의 경제, 핵심은 혁신적 포용성장국가

시장경제를 채택한 나라에서 정부가 모든 경제를 살리고 죽일 수는 없다. 이는 사회주의 국가에서나 있을 법한 일이다. 시장경제 국가에서 정부는 거시적인 경제 정책을 세우고 경제는 시장에 맡겨야 한다. 때문에 경제가 어렵다고 정부와 집권여당을 무조건 비난하는 것은 옳지 않다. 심정적으로는 이해는 가지만 굉장히 잘못된 논리다. 재벌이나 보수우파의 논리를 보면, 시장에 자유를 주길 원하면서 경제가 불황이면 소득주도성장이 잘못됐다는 논리로 이율배반적인 비판을 쏟아낸다. 그럼에도 집권 여당과 정부가 어떤 경제철학으로 경제 정책을 만드느냐가 매우 중요하다. 그 정책에 따라 시장은 움직이기 때문이다.

이런 점에서 우리도 독일 경제의 주요 철학이라 할 수 있는 '질서자유주의'를 적극 검토할 때다. 질서자유주의는 시장의 자유를 보장하지만 적절한 통제를 가한다는 점에서 영미식 자유주의와 구별된다. 시장경제에 자율성을 최대한 보장하되 정부는 공정한 경쟁을 감시하는 역할을 한다. 질서자유주의를 창안하고 오늘날 독일 경제 밑그림을 완성한 독일 경제학자 발터 오이켄은 독점을 시장의 악(惡)으로 규정하고 재벌을 반대한다. 또한, 그가 도입한 최저임금제는 현재 세계 대부분의 국가가 시행중에 있다. 오이켄은 노동시장에서 임금 하락은 노동공급에도 영향을 미쳐 오히려 국가 경제에 악영향을 끼친다며 이 문제를 해결하기 위해 국가가 최저임금을 설정해야 한다고 주장했다.

독일 질서자유주의는 사람중심 경제다. 경제학에서 사람 중심이라면 추상적이고 모호하다는 비판이 일지만 그렇지 않다. 오히려 노동경제학이나 사회적 경제 영역처럼 사람중심 경제는 현대 경제학의 핵심을 차지하고 있다.

우리의 헌법에 해당하는 독일 기본법 제1조에는 '모든 인민은 인간의 권리를 국가가 보장해야 된다'고 명시되어 있다. 우리나라와 전혀 다르다. 독일 헌법은 모든 국민은 인간으로서의 천부적 권리를 보장받아야 하며, 국가는 이를 적극적으로 보장해야 한다는 것이 기본 골격이다. 이처럼 독일은 인권을 가장 우선시한다. 독일은 그 이념에 따라 모든 산업정책과 교육정책, 주거, 복지정책들이 수립됐다. 예를 들어 독일 대학교 학자금이 무상이다. 사람을 육성하는 것이 우선이기 때문에 학생들에게 기본적인 학자금 부담을 주지 않는다. 이뿐만이 아니다. 학비가 무상인데 주거비 등 생활비가 비싸면 아무 소용 없다. 따라서, 학교 기숙사나 혹은 대학교 주변 원룸은 거의 공짜에 가깝다.

우리나라 모 재벌이 몇해전 '사람이 자산'이란 광고를 한 적이 있다. 최근에는 모든 기업이나 대학들이 같은 광고를 하고 있다. 하지만, 현실은 정반대다. 자산은 언제든지 갈아치울 수 있다는 논리가 팽배하다. 언제든지 사람을 짜를 수 있는 노동유연성을 강조하고 최저임금 인상에 반대하며 주 52시간 노동제 시행을 막고 있다. 독일처럼 제도나 문화에 '사람이 자산'인 이념이 녹아 있지 않고 구호로만 외치고 있는 셈이다.

문재인 대통령이 후보 시절에 내걸었던 네 가지 성장론이 있다. 일자리성장, 소득주도성장, 혁신성장, 그리고 동반성장이다. 일자리 성장은 '공무원 일자리 88만 개', '주52시간제 시행' 등으로 일자리를 늘리겠다는 것이며 소득주도성장은 '최저임금 인상' 등으로 내수의 활성화를 꾀한다는 전략이다. 또, 혁신성장은 '중소벤처기업의 혁신동력들을 발굴해 직접적으로 키우겠다'는 것이고, 동반성장은 '대중소기업 상생문화를 만들어 함께 성장할 수 있는 틀을 만들겠다'는 것이다.

이 네 가지 성장론은 지금도 문재인 정부의 경제기조다. 그리고, 이를 압축한 표현이 '혁신적 포용국가'다. 많은 분들이 최저임금의 급격한 상승으로 인해 일선 현장에서 혼란이 발생하고, 그에 따라 일자리 감소가 일어나는 등 부작용이 늘고 있다는 지적을 한다. 하지만, 부작용을 개선하고 부분적인 속도조절은 가능해도 전체적인 기조는 바꿀 수 없다. 특히, 동반성장을 강조하고 싶다. 동반성장은 독일의 질서자유주의와 맥을 같이한다. 전후 독일이 뚜렷한 경제철학을 갖고 오랜 세월 꾸준히 밀어부쳐 오늘날 세계 경제강국으로 자리매김할 수 있었다. 이처럼 정치권이 올바른 경제철학을 바탕으로 장기 비전 속에 경제정책을 꾸려 나가야 한다.

《맹자》〈양혜왕〉 편에는 지도자의 덕목은 먹고사는 문제를 해결해 주는 데 있다고 했다.

"그러므로 현명한 지도자는 사람들이 일정하게 먹고살 수 있도록 생활의 근거를 정해 주어야 합니다. 부모를 넉넉하게 모실 수 있게 하고, 처자식을 충분히 먹여 살릴 수 있게 해야 합니다. 풍년이 드는 해는 1년 내내 배부르고, 흉년이 들어도 굶어 죽지 않도록 해야 합니다. 그렇게 해준 다음에 사람들을 교육하여 착하게 만들어야 합니다. 그래야 사람들이 착한 길을 따라가기가 쉬워집니다."

맹자는 무항산(無恒産)이면 무항심(無恒心)이라고 했다. 제 아무리 숭고하고 높은 뜻이라 한들 먹고 사는 문제를 해결하지 않으면 아무 소용이 없다. 젊은 시절 학생운동과 노동운동을 할 때나 지금 정치를 하는 주된 이유도 이 뜻과 크게 다르지 않다.

젊은 시절 우리나라 경제는 박정희가 만들어 낸 왜곡된 착취 경제라는 이념적 분석에 경도돼 있었다. 나아가 자본주의 경제는 반인륜적인 경제로 우리나라는 그 모순이 집약된 국가라는 관념에 사로잡혀 있었다. 하지만 박정희 개발독재 모델이 경제 성장을 이루고 절대 빈곤(소위 말하는 가난의 탈출)을 탈출시킨 사실을 부인하지 못했다. 당시 나는 오직 재벌 중심의 착취경제란 면만 부각해서 바라봤을 뿐이다.

많은 학자들이 박정희 개발독재 모델을 연구하고 있다. 특히, 중국과 베트남 등 여러 개발도상국들이 박정희식 개발모델을 자국의 경제개발에 적용하고 있다. 세계적으로도 대한민국의 모범적인 경제 성장에는 박정희식 개발이 밑거름이 됐다고 인정하고 있다. 이른바 맏형론 혹은 낙수효과론에 근거해 대기업 중심 수출주도형 경제가 우리나라 경제를 일군 사실은 부인할 수 없다. 그렇다고 박정희 시대로 되돌아 갈 수 없다. 산업화에 이어 민주화를 성공적으로 거쳤기 때문에 우리나라가 질적 성장을 할 수 있었기 때문이다. 안타까운 것은 박정희 시대를 회상하며 지금도 유효한 박정희 시대 정책에 대해서는 오히려 규제 개혁 미명 아래 철폐를 요구한다는 사실이다. 대표적으로 외환거래법을 들 수 있다. 이 법은 제정 당시 재벌이 돈을 벌어 해외로 빼돌릴 수 없게 하는 법으로 재벌이 해외에서 돈을 벌어 와 국내에 투자를 하라는 취지였다. 문제는 투자는 안하고 곳간에 쌓아놓고 규제 개혁을 외치며 자신들의 이익만 더 채우려는 데 있다. 투자할 곳이 없다는 게 이들의 논리지만 중소기업과 노동자에 대한 투자야말로 더 큰 투자이자 규제 개혁보다 더한 기회를 보장한다는 사실에는 애써 눈을 감는다.

자유와 정의가 살아있는 대한민국 공동체는 어떻게 이룰 것인가

자본주의는 자유와 경쟁을 기반으로 발전했다. 한때 사회주의가 대안으로 주목받고 세계 절반이 사회주의를 채택했으나 결국 실패했다. 자본주의 모순에도 불구하고 아직은 자본주의를 대체할 만한 경제는 떠오르지 않고 있다. 그 결과 인류 대다수는 절대 가난에서 벗어날 수 있었다. 자유주의적 전통은 인간 실존과 인권이 담보된 자유를 지향한다. 이를 보장하는 게 경제적 자유이고, 경제적 자유가 마련되지 않으면 소용이 없다. 사회주의 경제가 실패한 이유가 여기에 있다. 결국, 자유가 수백 년 동안 자본주의 경제의 성장 모멘텀이었고, 기본 바탕이었던 셈이다.

자유주의는 서양철학의 오래된 사유 속에서 완성됐다. 데카르트가 개인을 세계의 주인으로 선언하며 촉발된 자유주의는 프랑스 혁명을 계기로 공화정이란 정치제도에 안착한다. 하지만, 자유주의는 자유를 생산하기 시작하면서 자유를 제약하고 억압하는 자기 모순을 안고 있다. 일부 세력의 자유 과·독점 위험이라는 태생적 한계를 지니고 있기 때문이다. 특히, 신자유주의 혹은 냉전 자유주의는 그 위험이 심각하다. 정치학자 앤서니 아블라스터는 이들을 가리켜 "스스로 자유주의자라고 부르는 자들에 의한 자유주의에 대한 배신"이라며 경고했다. 이처럼 대한민국 일부 정치세력이 외치는 '자유대한민국 수호'는 진정한 의미의 자유가 아니다. 자유주의적 전통을 스스로 배신하기 때문이다. 따라서, 정의가 필요하다. 정의가 결여된 자본주의가 어떤 폐해를 낳았는지 우리는 생생히 경험했다. 또한, 지금도 정의가 훼손된 국가에서 수많은 젊은이와 국민들이 고통을 받고 있다.

자유와 정의를 가치로 삼는 제도가 민주주의다. 자유는 성장의 개념이고, 정의는 분배의 개념으로, 성장과 분배가 균형을 갖춰야 공동체가 올바로 형성될 수 있다. 산업화의 완성은 민주화를 통해 가능한 이유가 여기 있다. 정의를 뺀 박정희식 개발 모델이 수명을 다한 이유도 이와 같다.

이처럼 정치의 기본적인 역할과 이념은 개인의 자유를 실질적으로 보장해주는 공동체를 구현하는 것이다. 자유를 제대로 구현하려면 올바른 공동체성을 회복해야 하고, 그래야만 진정한 의미의 자유를 구현할 수 있다.

때문에 정의로운 시장을 만들어야 한다. 지금 나타나고 있는 양극화, 사회적인 갈등, 노인빈곤 등의 문제를 해결하려면 기본이 제대로 된 자유시장경제를 만들어야 가능하다. 그 기본적인 출발점은 동반성장, 경제민주화, 따뜻한 시장경제 같은 것들이 이뤄져야 한다. 내가 경기도의회 경제민주화특별위원회 위원장을 역임했던 것도 이런 철학의 연장선상에 있다.

○ 대한민국 경제성장 모델은 수정되어야 한다

문재인 정부가 추진하고 있는 소득주도성장, 주 52시간 근무제는 사실 중소기업을 위한 제도다. 소득주도 성장은 내수시장을 키우는 게 주 목적이다. 내수시장은 중소기업이 떠받치고 있기 때문이다. 그럼에도 중소기업은 불만이 많다. 왜 그럴까? 구조개선이 동반하지 않기 때문이다. 그렇다면 중소기업을 위한 구조개선은 어떻게 가능한가? 사실, 우리나라는 중소기업 지원 정책이 세계적 수준이다. 중소기업에 대한 금융지원 규모는 GDP 대비 4%가 넘는다. OECD 26개국 평균 0.18%에 견줘 무려 23배나 높은 수치다. 그 외에도 국가 기술 개발 이전 등 세계가 부러워 하는 정책들을 많이 시행하고 있다.

문제는 대기업 수직하청 계열화가 너무 심각하다는 데 있다. 앞서 말했듯 산업화 시기 고착된 대기업 집중화가 여전히 대한민국 경제를 떠받치고 있는 셈이다. 현재 대한민국 경제 저성장의 주요 원인으로 전문가들은 진보, 보수 할 것 없이 대기업 중심의 수출주도형 경제를 짚고 있다. 때문에 내수를 키우고 평화경제를 통한 경제지도를 다시 그리지 않으면 안 된다. 하지만, 경제지도를 다시 그리기에 앞서 대기업 수직하청 계열화에 대한 수술이 필요하다. 이는 중소기업의 경쟁력 강화를 위한 새로운 생태계를 만들지 않으면 불가능하다.

중소기업 경쟁력 강화를 위한 혁신생태계 필요

문재인 정부를 비롯해 역대 모든 정부가 대기업에 투자를 요구하지만 대기업은 투자를 위한 규제 개혁을 요구한다. 그러나, 막상 대기업의 규제 개혁 요구는 구체적이지 않다. 투자를 빌미로 삼고 규제 개혁을 지렛대로 자신들의 소유구조와 경제력 지배를 이어가겠다는 속셈이다.

현실적으로 현재 우리나라 경제에서 대기업을 배제할 수 없다. 예를 들어 삼성전자는 우리나라 법인세의 15%를 낼 정도로 많은 몫을 차지하고 있다. 그러므로 현실적으로 대기업의 경제적 위치를 인정하고, 동시에 중소기업이 대기업과 함께 성장할 수 있는 모델을 하나씩 만들어야 한다. 그 해답이 동반성장이다. 이는 문재인 정부의 '혁신적 포용국가'와 맥을 같이 한다.

동반성장의 핵심적 제도는 중소기업 적합업종과 초과이익 공유제를 꼽을 수 있다. 특히, 초과이익 공유제가 중요하다. 즉, 대기업과 중소기업이 혁신할 수 있는 유인책을 만들어줘야 한다. 우리나라는 대기업이 혁신을 주도하고 중소기업이 따라가는 구조다. 지금까지 이 구조가 세계적인 경쟁력을 가진 것이 사실이다. 하지만, 대기업의 혁신 역량이 점차 고갈되어 가고 있다.원래 혁신은 중소기업의 몫이기 때문이다. 중소기업이 지금과 같은 대기업에 종속된 구조에서 중소기업은 혁신할 이유가 없다. 대기업이나 중앙정부에서 중소기업에게 기술개발과 공정혁신을 요구해도 공염불인 이유다.

대기업과 중소기업이 함께 기술이나 상품을 개발해서 초과 이익이 생기면 공유하는, 초과이익 공유제를 실행해서 중소기업을 유인해야 한다. 예를 들어 100원의 목표이익을 설정하고 대기업과 중소기업이 새로운 시계를 개발해서 팔았을 때 150원의 이익이 발생했다면 추가이익 50원에 대해서는 50%씩 공유하자는 식으로 협약을 맺는 것이 초과이익 공유제다. 초과이익 공유제를 두고, 이건희 회장은 "사회주의교과서에서도 듣도 보도 못한 공산주의 발상이다."라고 했는데, 이는 잘못 알고 있다. 초과이익 공유제는 1900년대 초에 미국 헐리우드에서 시작된 모델 중 하나다.

임금인상분을 서로 부담하는 대─중소기업 노동자 동반성장도 필요하다. 대기업 노동자들이 중소기업 노동자 임금분의 일부를 지원해 주는 노동자 상생제도다. 예를 들어 중소기업이 100원을 인상했을 때 대기업과 중소기업이 각각 40원씩 부담하고 대기업 노동자가 20원을 지원해 주는 제도다. 이 제도를 통해 대─중소기업은 물론 대─중소기업 노동자가 상생할 수 있도록 하자는 것이다.

그래야 중소기업의 인력난이 감소되고, 일하는 노동자도 신명나게 일하게 되고, 그렇게 되면 중소기업의 생산성이 향상되고 경쟁력도 강화된다. 이는 대기업의 경쟁력 향상으로 이어질 수 있다. 이런 식으로 대기업에서 중소기업의 이익을 조금 더 확대해주고 보장해 줄 수 있는 제도가 현장에 정착돼야 한다. 그렇지 않은 상태에서 중소기업의 혁신을 바란다는 것은 사실상 무리가 있다.

하지만, 무엇보다 중요한 것은 시장 질서를 교란하는 대기업의 횡포를 막는 게 중요하다. 나아가 독과점이 발생하지 않도록 해야 한다. 미국처럼 독점 기업 강제 해산권을 당장 도입할 수 없다 해도 스튜어드 쉽 코드와 같은 제도를 통해 시장 독·과점을 점차 해소해야 한다.

○ 벗이여, 새날이 온다

역사는 더디더라도 앞으로 나아간다. 저마다 각기 다른 개인사를 큰 물줄기로 엮어 앞으로 휩쓸어 간다. 5천년 면면히 이어온 우리 역사가 바로 그랬다. 굽이굽이 이어온 산맥은 한순간 동강나지 않는다. 길은 길을 만들고 마을을 만들고 또한 역사를 만들며 전진했다. 그 속에는 언제나 옳은 일을 향해 앞서 나가는 순결한 정신이 있었음은 말할 나위없다. 불의에 저항하는 용기가 있어 역사의 물줄기가 바뀌었다. 우리나라 100년 역사가 이를 증명한다. 내겐 대학교 첫 해인 1987년의 기억이 오늘 나를 살아 숨 쉬게 하는 자양분이다.

시대의 불의에 맞선 저항의 시간

1987년도는 수업이 불가능한 시대였다. 앞서 말했듯 대학에 진학하는 과정에서 개인적으로 가졌던 문학의 열정은 소진됐다. 글을 쓴다는 열정보다는 세상을 변혁해야 한다는 쪽에 방점을 찍었다. 무엇보다 1987년은 문학이고 뭐고 생각할 겨를이 없던 시기였다. 매일 거리에서 전두환 독재에 맞선 시기였고 그 해는 데모로 시작해서 데모를 끝났다.

당시 수많은 동료들이 그랬듯이 나 역시 대학입학 후 본격적으로 사회과학을 배우기 시작했다. 《해방 전후사의 인식》송건호 외 지음, 한길사 출간을 비롯해 한국 현대사를 학습하고 《철학의 기초이론》, 《노동자의 철학》 등을 통해 변증법적 유물론과 사적 유물론을 학습했다. E.K

헌트의《경제사상사》와 일본 경제학자 當塚良三이 쓴《경제학 원론》
등으로 좌파 경제학을 배우기 시작했다. 당시《자본론》은 국내에 출
간될 수 없는 서적이었으므로 일본학자들의 책으로 공부했던 기억
이 난다. 하지만 무엇보다 K. 마르크스의《경제학─철학 수고》나《포
이에르 바흐에 대한 테제》는 신선한 충격이었다. 이 책들을 통해 청
년 마르크스의 철학은 휴머니즘이라는 사실을 깨달았기 때문이다.
이처럼 당시 우리는 주로 좌파경제학 내지는 좌파철학, 좌파사회학
을 배웠다.

1학년을 마칠 무렵 선배로부터 노동자 계급을 위한, 노동자 계급
이 중심이 되는 운동방향을 제안 받았다. 학생운동으로만 그칠 것
이 아니라 노동운동을 지향하고, 노동현장에 투여돼 노동현장에서
단련되는 변혁운동가로서 준비해야 한다는 내용이었다. 자연히 마
산·창원에 있는 선배들과 회합도 갖고 세미나도 하며 운동 방향을
고민했다. 보통 여름방학에 많은 친구들이 농촌활동을 가는데 비해
우리는 공장활동을 가는 식이었다. 당시 학내에는 투쟁 노선을 둘러
싼 NL, PD 논쟁이 한창이었지만 나는 그에 한발 비껴 좌파 이론서를
주로 탐독했다. 노동운동을 준비하는 동안은 주로 공부에 집중하자
는 것이 주된 이유였다. NL이니 PD 논쟁보다 더 중요한 것은 노동자
계급의 주체적 역량을 강화해야 한다는게 주된 생각이었다. 그리고,
민주주의를 주체적으로 쟁취하는 게 급선무였다.

1991년 군목무를 마치고 수원 공장에 취직했다. 큰 규모의 전선
공장이었는데 운이 좋아 신원조회를 무사히 통과했다. 흔히 말하

는 위장취업을 한 셈이다. 고된 노동에 힘든 상황에도 수원노동상담소를 드나들며 노동운동의 새로운 삶을 시작했다. 당시 오산에 있는 롯데제과의 어린 여성노동자들이 파업하자 함께 농성하며 투쟁하는 날들을 보냈다. 하지만, 오래 버티지 못했다. 당시 사회주의권이 몰락하고, 노동운동에 들어갔던 학생운동 출신들이 나오는 시기였다. 예전에 몸담았던 조직은 해산했다. 결국 3년을 버티다 노동현장을 나왔다.

그후 고등학교 선배들이 IT벤처회사, 즉 소프트웨어 회사를 함께 하자고 제안했다. '아리수 미디어'라는 소프트웨어 회사에서 영업과 기획 업무를 맡아 일했다. 전국 대부분의 도시를 출장 다녔으며 휴일을 잊을 정도로 일했다. 비겁하게 노동현장에서 빠져 나왔다는 일종의 부채의식을 상쇄하고자 했는지 모르겠다. 2004년까지 10년 간 약 150명의 직원을 채용하고, 연간 300억까지 매출을 올리면서 회사를 성장시켰다. 그야말로 창업 공신이었기 때문에 나도 그 회사에 대한 애착이 대단했다.

2004년 회사를 나와 '단지미디어'라는 회사를 창립했다. 당시 교육부가 '교육용 소프트웨어 보급'사업을 진행했으니 해볼만 하다고 판단했다. 하지만, 욕심에 과도한 투자를 일삼고 결국 3년만에 사업을 철수했다. 그 후 도서관에서 책만 읽던 날이 이어졌다.

꿈 많던 대학시절

○ 내 인생의 책

 내가 책을 많이 읽지 못했으나 그나마 내 인생의 책을 꼽으라면 사마천의 《사기》^{사마천 지음, 민음사 출간글}를 들 수 있다. 이 책은 41세때 이틀에 걸쳐 읽고 흠뻑 빠졌다. 그후 틈만 나면 들쳐본다. 이 책은 고대 춘추 전국시대 인간상들, 그리고 다양한 사회적 관계를 그리고 있다. 이를 통해 권력과 철학, 삶의 지혜 등을 제시한다. 현대 경제학과 정치학, 철학이 제 아무리 뛰어나더라도 이 책이 제시하는 통찰에서 벗어날 수 없다.

 정치인이 된 후에는 막스 베버의 《소명으로서의 정치》^{막스 베버 지음, 후마니타스 출간글}를 자주 들쳐보고 있다. 이 책을 다시 보자고 결심하게 된 이유가 있다. 2014년 도의원 출마를 앞두고 개인적으로 친분이 있는 성공회대 이정구 총장을 찾아뵌 적이 있다. 총장님께 출마를 준비하고 있지만 40대 중반에 떨어지면 어떻게 해야 할지 막막하다고 하소연을 했다. 그 말을 듣고 이정구 총장이 화를 내시면서 정치인과 성직자는 분명한 소명의식이 있어야 하고, 소명의식이 없다면 생각하지도 가보지도 말라는 말씀을 하셨다. 위로받으려고 갔다가, 혼이 난 셈이다. 하지만, 그 분의 말씀처럼 내게는 분명한 소명의식이 중요했다. 그런데 소명의식은 갖겠다고 가져지는 것이 아니다. 그것은 결국 끊임없이 자기가 정치를 왜 하는지에 대한 이유를 고민하는 과정에서 비롯된다. 베버의 책을 읽으며 다시 한 번 내가 정치를 왜 해야 하는지 되짚어 봤다. 결국 이 책을 통해 자신이 책임윤리를 갖고 그것을

얼마나 정치에 대한 의지로서 가질 것인지 등을 깨달았다.

○ 나를 든든하게 하는 손

누구에게나 잊을 수 없는 공간이 있다. 나 역시 김포의 보금자리가 제일 소중하다. 또한, 내 고단한 영혼을 의탁할 수 있는 성당도 매우 중요한 공간이다. 추억 속 공간을 들라면 노동운동 당시 수원 자취방을 들 수 있다. 밤새워 일하고 새벽에 돌아온 방에서 잠을 청하노라면 수원비행장에서 훈련을 위해 이륙하는 전투기 소음에 괴로웠다. 그 와중에 노동해방을 꿈꿨으니 지금으로서는 불가능한 일인지도 모르겠다. 그런가 하면 고등학교 문예반 시절 친구와 함께 수업 빼먹고 들렀던 서대문 인쇄소와《노동의 새벽》을 만났던 교보문고 시 매대도 잊을 수 없는 나만의 공간이다. 특히 내가 좋아하던 구역은 책이 양쪽으로 쌓여 있던 통로의 구석진 공간이었다. 책보는 데는 아무도 눈치 주는 사람이 없었고, 특별히 돈을 내지 않아도 이 책저 책 훑어보는 재미가 쏠쏠했다. 무엇보다 새 책에서 묻어나오는 채 마르지 않은 잉크 냄새가 시상(詩想)을 자극하곤 했다.

힘들 때 가만히 다독여 주는 아내의 손

나를 가장 편하게 보듬어주는 손은 역시 어머니의 세월의 손때가 묻은 쭈글쭈글한 손이다. 아내의 생활의 흔적이 무던히도 묻어있는 투박한 손도 마찬가지다. 가끔 아이들이 힘내라며 응원해주는 하이파이브 손도 내 생활의 활력소가 된다.

아내는 늘 나를 주눅 들지 않게 하는 무언의 힘이 있는 묘한 사람이다. 아내는 늘 고마운 존재이지만 특히 고마울 때는 내가 사업에 실패했을 때였다. 아내는 사업에 실패한 나를 결코 탓하지 않았다. 오히려 아내는 "당신이 꺼리거나 원치 않는 일이라면 떼돈을 번다고 하더라도 나는 싫다"고 말했다.

아내가 정말 고마울 때는 바로 지금이다. 정치인의 아내로서 돈 버는데 무능한 남편대신 가계를 책임져야 하는 게 얼마나 고통이겠는가. 지난해 도의원 재선출마를 포기했을 때 아내 입장에서는 큰 부담이었다. 당장 생계를 위한 월급이 나오지 않기 때문이다. 사실 내가 다른 곳에 취직하면 해결될 일이지만 그보다 불확실한 미래에 도전하겠다니 더욱 불안한 게 사실이다. 아내는 때론 차가울 정도로 인정하고 묵묵히 현실을 이끌어 가고 있다. 내게 열심히 해라 수준으로 묵묵히 가정을 이끌어 가고 있다. 보통 정치인 아내는 화려하게 봉사 활동 가기도 하고 어떤 행사에 가고 그런 경우가 많다. 아내는 그런 일보다 성당 봉사만 조용히 활동하고 있다.

마음의 평안과 삶의 충만함을 얻는 종교생활

성당 신부님과 교우들은 마음의 평안과 삶을 충만하게 하는 소중한 분들이다. 성당은 서로 정을 나누고 동시에 나를 위한 공동체로서 유대감이 강하다. 동시에 배타적이지 않고 관용을 베풀며 따뜻한 영혼의 공동체를 지향한다. 삭막한 현실에 위안이 될 수 밖에 없다. 신부님이나 성도님들은 내게 귀한 말씀을 많이 들려 준다. 무엇보다 "예수님의 피 흘림에 대해, 왜 피 흘렸는지에 대해 공인으로서 늘 고민을 해야 한다, 늘 성찰하라"는 신부님의 말씀을 늘 되새기고 있다.

너무도 많은 분들이 내게 사랑을 베풀어 주고 있어 감사하다. 요즘 같이 혼탁하고 시끄러운 세상에서 가끔 정치인으로서 '사랑하는 사람'이 돼야겠다는 생각을 할 때가 많다. 《한근태의 재정의 사전》에는 '사랑의 어원은 '사량(思量)'이라고 적고 있다. 즉, 생각의 양이란 뜻이다. 상대에 대해 얼마나 생각하는지 그 총량이 바로 사랑이라는 것이다. 참으로 명쾌한 정의가 아닐 수 없다. 멋진 풍경을 봤을 때, 맛난 음식을 먹을 때, 눈이 올 때, 즐거운 순간을 맞았을 때 그 사람이 생각난다면 그 사람을 사랑한다고 말할 수 있다.

가 리 키 는 **손**

경제가 곧 평화이고, 평화가 곧 경제다. 이런 한반도 경제에 대한 분명한 자각이 있어
야, 우리가 중심이 되는 한반도 운명을 결정할 수 있을 것이다.

3.1만세혁명

갑오농민전쟁

판문점 체제의 기원

아시아의 역설

북방버퍼존

한반도 비핵화

미투운동

남녀평등사회

청년정책전달체계

마이크로크레딧 운동

창작문화예술지원

경기도 지방자치헌정

○ 3.1만세혁명으로 가는 길

2019년은 1919년 3·1혁명이 벌어진 지 100년, 임시정부가 수립(4월 11일)된 지 100년이 되는 뜻 깊은 해이다. 3·1혁명은 일제 식민통치를 거부한 민족의 자주독립선언이자, 봉건군주체제를 끝내고 민주공화주의를 지향하는 근대의 횃불이었고, 대한민국 임시정부는 이런 3·1혁명의 가장 큰 성과다. 세계 역사에 유례없이 인구의 10분의 1 이상이 만세시위에 참여했고, 군주제를 폐지하고 근대적인 민주공화제로 전환하는 계기를 만들었으며, 남성 위주의 가부장제도에서 억압당해온 여성이 사상 처음으로 주체적으로 역사 현장에 등장했고, 천민계급에 속해 있던 사람들까지 참여하면서 계급사회가 평등사회로 전환되는 계기가 되었다. 국내는 물론 세계 각지에서 독립만세시위가 벌어졌으며, 독립의 당위성과 함께 일제의 패권주의와 침략성을 지적하고 국제평화와 평화공존 같은 이상을 제시하면서 국제사회의 일원으로 등장하게 되는 등 3·1혁명이 갖는 역사적 의미는 매우 크다.

− 김삼웅 저, 《3.1혁명과 임시정부》 중에서

올해 3.1만세혁명, 상해 임시정부 수립 100주년을 맞았다. 3.1만세혁명의 결과 우리는 세계 최초로 민주공화국을 국가 정체를 담은 헌법을 만들었다. 그리고 이를 천명하고 임시정부를 수립했다. 이는 세계사를 통틀어 유래 없는 혁명이었다. 3.1만세혁명은 세계 피압박 민족의 지식인과 민중들에게 큰 영감을 주는 일대 사건이었다. 손문은 그 결과 중국의 신해혁명도 발발을 하게 된 계기가 됐다고 말했다.

갑오농민전쟁–3.1만세운동–상해임시정부로 이어져온 대한민국 민주 공화국의 정통성

3.1만세혁명 100주년을 맞아 가장 먼저 해야 할 일은 이 혁명의 성격을 먼저 규정하는 일이다. 우리는 3.1만세혁명은 민족대표 33인이 태화관에서 독립선언서를 낭독하면서 촉발됐다고 배웠다. 이는 역사적 사실이나 그다지 큰 의미가 없다. 3.1만세혁명은 전국적으로 1,548회의 집회와 2백만명 이상의 민중들이 참가해 세계 민중혁명에도 큰 영감을 불러 일으켰다. 당시 인구가 2천만명에 일제 탄압 속에서 10%가 만세혁명에 뛰어들었다는 것은 모든 민중이 뛰어든 것이나 다름없다. 이는 민중이 일제에 항거하고 민중이 주체가 된 자주독립국가를 수립하자는 염원이 있었기 때문에 가능했다.

3.1만세혁명은 민중에 의해 이루어진 민족주의의 발현이다. 민중이 이끄는 민족주의는 그보다 20여 년 전인 1894년 갑오농민전쟁에서부터 시작됐다. 동학혁명은 민중들이 외세를 물리치고 봉건질서를 타파하고자 일어선 것이다. 동학혁명과 3.1혁명을 자양분으로 수많은 이들이 독립운동에 뛰어들며 항일 투쟁을 이어갔다. 이를 통해 당시 지식인들이 '결국 대한민국은 양반계급도, 자본가계급도, 그렇다고 노동자계급도, 상놈의 계급의 나라도 아니고 각계각층이 함께 어울려서 민주주의를 실현하고 공화정을 이룰 수 있는 나라구나.'라고 자각을 했다. 서재필 선생은 1890년대부터 미국의 영향을 받아

민주공화정에 대한 연구를 했다. 그 바탕아래 도산 안창호를 비롯해 당시 애국적 지식인들에 의해 '민주공화국이 우리나라의 국가정체가 되어야 한다'는 이념으로 굳어졌다. 그 결과 공화주의 헌법에 기초한 대한민국 임시정부가 탄생할 수 있었다. 이처럼 우리에게 민주주의의 뿌리는 민중의 민족적 각성에 있다.

2016년 촛불혁명도 길게는 3.1만세혁명으로부터 이어진 것이다. 3.1만세혁명의 건국운동은 100년 뒤 새로운 나라, 나라다운 나라를 만들기 위한 촛불로 되살아 난 것이다. 그런 점에서 3.1만세 혁명과 상해임시정부 100주년을 맞아서 우리가 되짚어야 봐야 할 것은 실로 전 민중이 자유에 기반한 민주공화정을 구현해서 인민의 복리가 증진될 수 있는 가치를 우리는 100년 전부터 구현하고 있었다는 점이다.

따라서, 국민들에게 적극적으로 3.1만세혁명과 상해임시정부의 의미가 제대로 전달돼야 한다. 일부 극우 보수파가 1948년을 건국절로 하자고 주장하지만, 이는 3.1만세혁명과 상해임시정부의 뜻을 폄훼하고, 평가 절하하는 것이다.

항일독립운동가에 대한 정당한 역사적 평가가 이뤄져야

문재인 대통령이 현충일 추념사를 통해 김원봉 선생에 대한 서훈을 말했다고 일부 정치세력이 크게 문제를 삼고 있다. 참으로 어처구니 없다. 약산 김원봉 선생이 누군가? 일제의 간담을 서늘케 할 정도로 항일 유격대를 이끌던 분이 아닌가? 이런 분이 친일 악질 경찰

노덕술로부터 따귀를 맞는 수모를 겪었다. 친일 세력이 이승만과 결탁해 반공을 무기로 항일독립운동가를 핍박하고 심지어 죽이기까지 했다. 김원봉 선생이 월북했다는 이유로 국가훈장 서훈을 반대하는 것은 있을 수 없다.

자유한국당은 "어떻게 월북한 사회주의자에게 훈장을 줄 수 있느냐?"라고 하는데, 그들이 존경(?)하는 이승만조차 해방후 박헌영을 만나 "공산주의까지 아우를 수 있는 대한민국을 만들어야겠다"는 이야기를 공식적으로 밝혔다. 다시 말해 좌우이념에 지나치게 경도되지 않는, 민주공화정 국가로서 다양한 사상과 이념들을 아울러서 제대로 된 국가를 만들겠다는 뜻이다. 이승만조차도 그 뜻을 거스를 수가 없었다. 그렇기 때문에 당시 흐름에 놓고 봤을 때 이승만은 박헌영에 대해 칭송하면서 공산주의까지 끌어안는 대한민국이 필요하다고 말했다. 6.25전쟁을 일으킨 장본인으로 북한에 동족상잔에 대한 책임을 물어야 한다. 하지만, 월북했다는 이유만으로 김원봉 선생의 훈장수여를 문제 삼을 수는 없다. 지금은 2019년, 시대가 바뀌었다. 우리가 북한에 두려워할 이유가 없기 때문이다.

일제 당시 사회주의계열 독립 운동가들이 치열하게 투쟁하고, 독립 운동을 했다. 그리고 많은 분들이 희생됐다. 그러므로 독립운동에 관한 평가와 더불어 그분들에 대한 평가 또한 정당하게 인정해 줘야 한다. 그 방법이 바로 훈장 수여. 해방 후 북한에 월북했다는 이유만으로 독립운동 역사나 의미까지 전부 부정하고 폄훼해서는 안 된다. 그러므로 훈장 수여는 당연히 이뤄져야 한다. 항일독립

유공자의 위상 정립과 그 후손들에 대한 처우개선의 경우, 문재인 대통령이 3.1절 100주년 축사에서 말했듯 '친일파는 곧 민주주의의 적이다'라는 것은 역사가 증명해 온 사실이다. 독립운동가를 비롯해 3.1혁명에서 4.19혁명, 5.18 광주민주화운동과 6.10항쟁 그리고 촛불혁명까지 전 민중들이 자유롭고 민주적인 독립 국가를 꿈꾸는 연장선상에 있다.

이제 3.1혁명과 상해 임시정부 수립 100주년의 올바른 역사적 자리매김을 위해 우리는 사회 각계각층의 설움과 눈물을 다독여 '사람이 희망인' 행복하고 아름다운 시민 민주주의 시대를 반드시 꽃피워야 한다.

○ 한반도 평화 정착을 위하여

　김학제 교수는 《판문점 체제의 기원》^{김학제 지음, 후마니타스 출간}을 통해 한반도 체제를 판문점 체제라고 정의했다. 2차 대전 이후, 유럽은 다자안보체제를 구성했다. (즉 서유럽은 나토, 이에 맞서 동유럽 바르샤바조약기구) 그러나 동아시아에서는 미국이 주도하는 양자안보체제를 구축했다. 미국-일본, 미국-한국, 미국-필리핀처럼 양자안보체제를 김학제 교수는 '아시아의 역설'이라고 말한다. 그리고 책을 통해서 왜 그렇게 됐는지에 대해 학문적인 분석들을 세밀하게 적어 놓았다.

전후(戰後) 아시아의 비극, 아시아의 역설

　세계 2차 대전은 연합국(미국, 영국, 프랑스) 대 동맹국(독일, 일본, 이태리)의 전쟁으로 연합군의 승리로 끝났다. 연합군은 독일에 전쟁책임을 물어 독일 분할점령, 동서분할을 이루면서 유럽의 안보가 안정화 됐다. 동아시아에서 미국은 일본의 항복을 받고 일본을 군사통치하고 한국이나 필리핀 같은 일본의 식민지를 점령했다. 미국은 동아시아에서 자신들을 정점으로 하는 부채살 모양의 안보체제를 만들었다. 한국, 일본, 필리핀 등과 부채살 모양으로 만든 것이다. 이를 아시아의 패러독스라고 부른다. 또 한국-미국-일본 대 북한-중국-소련으로 이어지는 냉전대립관계가 형성되는 아주 기묘한 한반도 체제를 만들어냈다며 이를 판문점 체제라고 일컬었다. 미국은 당시, 유럽과는 달리 승전국이자 강대국으로서 상대방에 대한 일방적인 점령, 굴복, 이런 것들이 특히 동아시아지역에서 만큼은 외교적 기조로 공고화 된 상황이었다.

이러한 관계 속에서 오랜 세월동안 협상과 대결이 반복되면서 북한이 현재 미국과 비핵화하는 과정이 진행되고 있다. 이 와중에 중국의 부상이 또 다른 협상의 어려움을 낳게 하는 아이러니들이 발생하고 있다. 북한은 자신의 안보를 중국에게 많이 기대고 있다. 특히 6.25전쟁 때, 중국이 북한을 도와주면서 북한과 중국의 관계는 혈맹관계가 됐다. 하지만 우리가 알고 있는 것처럼 혈맹관계가 곧 종주국 관계는 아니다. 흔히 북한에 대한 중국의 영향력이 크다고 알고 있으나, 사실 북한에 대한 중국의 영향력은 거의 없다. 그런데 1991년 중국이 한국과 수교를 맺게 되면서 북한의 반발이 굉장히 심했다. 이 때 중국은 북한에 다양한 보상을 하면서 배신감을 달랬지만 북한은 더 이상 중국에 자신의 안보를 기대서는 안 된다는 생각을 하게 된다. 한—중 수교 후, 북한은 남북 유엔동시 가입을 추진하고 안보에 대해 "스스로 책임질 수밖에 없다."고 선언한다.

북한의 핵무기 개발 과정

1980년대 초, 미국의 정찰위성이 북한 영변에서 이상한 활동들을 감지한다. 미국은 전문가들이 모여 수개월에 걸쳐 사진을 분석한 결과, 영변에 핵시설을 구축하는 징후라고 결론내린다. 그후 지속적인 관측으로 북한의 활동을 파악한다. 미국은 1991년까지 구축하고 있던 영변 핵시설이 핵무기를 위한 것인지 아니면 전력생산을 위한 용도인지 정확히 판단하지 못했다. 처음에는 전력생산 쪽에 가깝다는 생각을 했기 때문이다. 한편, 북한은 1991년 한-중 수교 후, 영변 핵시설을 전력생산보다는 핵무기 개발기지로 바꿔야한다고 판단한 것으로 보인다. 미국도 이때부터 본격적인 핵무기 시설로 전환됐다고 보고 있다. 그 근거로 영변 핵시설 주변에 강한 폭발력을 골고루 분산시키는 내관 폭발 실험한 흔적이 찍힌 위성사진을 들고 있다. 이는 핵무기 생산에서 빼놓을 수 없는 실험이다. 핵무기 시설임을 확신한 미국은 이 때부터 비밀리에 북한에 핵무기 개발 저지를 위한 접촉에 나섰다.

이처럼 북한이 1990년대 초반부터 핵무기개발을 본격화했다는 것이 많은 전문가들의 분석이다. 그결과 1994년 1차 북핵 위기가 발생하고, 클린턴이 공격명령서에 서명만 하면 제2의 한반도 전쟁이 발발할 수도 있는 시기였다. 카터가 중재를 하면서 제네바 합의를 이끌어내고 제네바 합의 프로세스에 의해 영변 핵시설 파기 등의 조치를 하다가 부시가 제네바 합의를 폐기시켜 다시금 북핵위기는 이어졌다. 2005년 9.19 합의가 있었으나 상호 불신이 거듭돼 결국 북한은 2017년에 핵무력 완성을 선언했다. 동시에 ICBM 발사에 성공한다. 핵과 발사수단을 확보하면서 북한은 (국제사회에서 인정을 안 하지만) 실질적인 핵무장국가 반열에 오르게 됐다.

이로 인해 사실상 한반도에 있어서 힘의 균형이 완전히 뒤바뀌어 버렸다. 게임 체인저로서 북한 핵무기가 완성됐고 미국 입장에서는 굉장히 당혹스런 일이 벌어진 것이다. 그에 앞서 2013년 한반도 핵전쟁 위기가 최고조에 달했다. 당시 미국은 북한의 인공위성 광명성 3-2호를 장거리 로켓 발사로 보고 이를 제재하는 결의안 2087을 채택했다. 이에 반발한 북한은 3차 핵실험으로 맞섰고, 미국 역시 유엔 대북제재결의안 2094호로 대응했다. 북한은 즉각 "〈제재〉는 곧 전쟁이며 우리에 대한 선전포고"로 반발하며 미국과 전면전에 들어갈 준비를 했다. 미국의 키리졸브, 독수리 군사훈련에 맞서, 북한은 정전협정 백지화와 판문점대표부 폐쇄, 남북불가침합의 전면 무효화 등을 선언하고 북한은 이동식 발사수단을 동해 쪽에 전개했다. 결국 미국이 장거리 폭격기 B-52 편대와 B-2 스텔스 전략폭격기 등을 한반도에 전개하자, 북한도 '1호 전투근무태세'를 선언하고 '전략군 미본토타격계획'을 전격 공개하였다.

미국은 북한의 위협이 현실임을 깨닫고 괌에 전략자산들을 긴급전개하고 동해에 미항모가 전진배치되기 시작했다. 우리가 몰랐던 전쟁 위기가 있었던 것이다. 하지만 역설적으로 이때부터 북-미 모두 협상론이 대두되기 시작했다. 북한은 핵무기 실험과 미사일 발사 실험에 성공했다해도 충분히 소형화에 이르지 못했고 미국 역시 사드(THAAD)가 완성되지 않았을 때였다. 거꾸로 미국이 다급한 상황이었다. 북한이 핵무기 소형화는 아니더라도 재래식 장거리 미사일에 이어서 본토타격능력을 갖췄다는 판단을 하면서 괌이나 필리핀의 주한미군에 대한 비상 가동을 시켰다.

미국의 입장에서 인정하기 싫지만, 내부적으로 인정할 수밖에 없는 상황이 벌어진 것이다. 유엔의 강력한 제재로 북한을 경제적으로 압박하는 제재조치는 계속 이어졌다. 북한은 계속해서 핵실험을 하면서 2017년 9월 최종적으로 핵무력 완성을 선언했다. 북한은 '내 안보는 내가 챙긴다.'는 입장이지만, 미국이 1970년대 시작한 팀스피릿 훈련을 비롯해 다양한 형태의 군사훈련을 동해상이나 한반도 남한에서 계속 하는 것에 대한 불안감이 컸던 것은 사실이다. 세계사적으로 봤을 때도 현재 미국이 한 국가를 대상으로 하는 연례군사훈련을 하는 곳은 한반도 밖에 없다. 공식적으로는 방어훈련이라고 하지만 이는 무의미하다. 전쟁에 방어와 공격이 따로 따로 있지 않기 때문이다. 따라서, 북한 입장에서 핵무기 개발이 사활이 걸린 문제였다. 핵무기를 포기하면 체제를 보장한다는 표현의 배경이다.

평화정착 구축은 2005년 9.19합의, 더 나아가서 1994년 제네바합의를 온전하게 복원하면 된다. 현재 북한이 요구하는 내용이나 트럼프가 요구하고 있는 FFIDV는 2005년 9.19합의나 제네바합의에 모두 들어가 있기 때문이다.

또한, 예전 북-미간 합의에는 단계적 협상, 단계적 해법이 들어가 있다. 미국은 북한의 핵무장 능력들을 지연하는 협상을 하지 않고 전략적 인내로만 일관하다 결국 북한이 최종적으로 핵능력을 완성시켜 준 꼴이 됐다. 오히려 미국의 안보위협이 더 증가되어버리는 현상이 벌어진 것이다.

많은 분들이 '북한이 핵을 포기할 것 같으냐, 안할 것 같으냐?'를 묻는다. 이 질문은 정말 우문(愚問)이다. 북한이 핵무기를 포기할지 여부는 한-미에 달려 있기 때문이다. 김정은이 말한 것처럼 우리 후세에는 핵폭탄 없는 한반도를 만들겠다는 것이 진심이라면 우리가 북한 핵포기를 요구하지 않더라도 체제 안전만 보장된다면, 그들이 언제든지 핵포기를 할 수 있는 상황이다. 체제안전은 종전선언과 북-미간 평화협정 체결로 가능하다.

북방버퍼존, 북한의 핵무기 은닉 가능 지점

미국은 한국전쟁이 한창이던 1950년 9월 '한국에 관한 미국의 행동 절차 보고서'(NSC-81)를 채택했다. 이 보고서에는 중국이나 소련과의 충돌을 피하기 위해 중·소 접경 지역에서 군사작전을 무조건 금지하도록 돼 있다. 이에 따라 미국은 북·중 국경선을 따라 45km 폭의 군사적 완충지대 즉, 북방버퍼존(NBZ)을 설정했다. 당시 맥아더는 중국 폭격, 특히 만주를 핵무기로 폭격을 해야 한다고 주장했다. 그러나 미국이 세계전쟁 위험 부담으로 맥아더를 해임시켜버린다. 이때 만들어진 문건이 NSC-81이다. 이 문서는 지금도 유효하다. 전문가들이 만일 북한이 핵무기를 숨겼다면 여기에 숨겼다고 보고 있다. 이는 곧, 외과 수술적 폭격을 감행한다고 하는 것 자체가 불가능하다는 것을 뜻한다. 클린턴이 1차 북핵위기 때 최종 영변 폭격을 포기한 이유가 북측이 핵시설을 북방버퍼존에 옮겼을 가능성 때문이다. 목적은 달성 못하고 전쟁만 일으킨 장본인이 되기 때문이다.

핵합의를 했다고 가정해 보자. 협상이 마무리되면 전문가들이 사찰에 들어갈 것이다. 그런데 여기에 들어가겠다고 하면 북한이 가만히 있지 않을 것이고 중국 역시 심한 반발을 일으킬 것이다. 이는 중국에 사드와는 차원이 다른 안보위험이기 때문이다. 따라서, 북한이 용인한다고 해도 중국이 가만히 있지 않을 것이다. 이런 와중에 북한이 핵무기를 포기할 것이냐 아니냐를 논한다는 것은 점집에 국사를 묻는 것과 다름없다.

한반도평화체제를 위한 문재인 정부의 역할

그렇다면 한반도 평화체제를 어떻게 확립할 것이냐가 큰 문제다. 현재 트럼프는 계속해서 북한의 경제적 가치에 대해 김정은이 모를 리가 없다는 것을 강조하고 있다. 한반도 평화체제의 가장 큰 보상체계는 북한의 체제안정과 동시에 경제부흥이다. 한편, 북한은 더 이상 중국을 믿지 않고 있다. 현재처럼 경제제재가 계속된다면 북한도 더 이상 버티기 힘든 것도 사실이다. 그렇다고 미국의 요구를 전면 수용하기도 어려운 처지다. 하노이 정상회담이 합의없이 끝나고 북한이 미국을 대상으로 연말을 시한으로 새로운 협상안을 내놓지 않으면 '새로운 길'을 가겠다고 했다. 나는 북한이 요구하는 새로운 협상안은 지금까지 요구와 다르지 않을 것으로 본다. 오히려 미국이 담대한 제안을 할 필요가 있다. 거꾸로 미국 자본이 북한에 투자하는 방안이다. 미국 자본이 북한에 들어가면 북한으로서는 확실한 안보체제를 구축하는 계기가 될 수 있기 때문이다. 트럼프가 황해도 원산에 별장을 지을 생각이라고 말한 적이 있다. 워렌버핏이 한반도 평화체제가 구축되면 자신의 재산을 투자하겠다고 밝힌 바 있다. 동시에 미국의 대 북한투자조사단이 가동되고 있다. 미국에서 북한 투자를 위한 준비를 차근차근 하고 있는 것으로 보인다. 북한은 미국자본이 들어오는 것에 대한 한편의 거부감과 한편의 경제부흥과 체제 안전에 대한 기대감. 이런 것들이 상존하고 있다.

북한은 이런 내부 분위기를 정리하지 않은 채 하노이 정상회담에 임했다. 미국 역시 볼턴의 강경파가 핵협상을 주도하고 있다. 우리로서는 통제권 밖이다. 하지만, 모든 싸움에는 중재자가 있듯이 북-미 핵협상에도 문재인 정부의 한반도 운전자론이 제 역할을 하고 있다. 한미동맹을 훼손하지 않으면서 한미동맹을 강화하는 수준에서 그 기반 내에서 대북한 채널을 운영하고 있기 때문이다. 트럼프가 "문재인이 내 수석협상전략가다."라면서 문재인 대통령을 무한 신뢰하고 있다. 그런 점에서 볼 때 문재인정부가 외교안보팀이나 외교안보정책 (남북한외교안보정책은 외줄타기인 것 같지만) 운영을 잘 하고 있다. 한미동맹을 강화하고, 그 기반 아래 북한을 적극적으로 설득하는 작전 등 물론 어려운 틀이다. 다만 한반도 운명과 관련해 우리가 주도적으로 이끌어갈 시대를 맞이하고 있다는 점은 분명하다.

트럼프가 문재인 대통령이야말로 자기의 수석전략가라고 이야기했던 것은, 북-미간 핵협상이 마무리되면 문재인 정부에게 "너희 민족끼리 알아서 하라"고 할 용의가 있다고 본다. 왜 그럴까? 일부에서 미국이 북한과 협상을 지연 또는 취소하는 이유로 '깡패국가 유지론'을 들고 있다. 자신의 군수산업 유지를 위해 일정한 깡패국가가 필요하다는 뜻이다. 때문에 북한이 오히려 핵무장하도록 부추기거나 방조했다는 것이 이들의 주요 논리다. 오바마는 2008년 미국 대통령 후보시절 북한과 협상을 중단하고 압박만 거듭한 결과 핵무장만 초 래됐다며 대통령이 되면 북한과 직접 협상에 나서겠다고 밝혔다. 하 지만, 그 역시 8년간 '전략적 인내'로만 일관했다.

미국은 2000년대 중반부터 중국의 부상을 현실로 받아들이며 본 격적인 중국 견제 정책을 시행했다. 동시에 글로벌 현안에 대해서 중국의 협력을 이끌어 내는 등 필요에 따라 중국에 대한 대응 수 위를 조절하고 있다. 이런 미국의 중국 대응 전략을 '봉쇄적 개입 (congagement)'이라 일컫는다. 이는 봉쇄(containment)와 개입 · 관여 (engagement)의 합성어로 협력적 동반자로 보되 군사적인 팽창은 봉 쇄하겠다는 것이다. 오바마 대통령이 천명한 '아시아로의 회귀(Pivot to Asia)'는 안보적 측면에서 중국 봉쇄 전략이다. 미국이 중국과 무역 전쟁을 일으키는 원인 중 하나가 북한으로부터 중국의 영향력을 막 으려는 것이란 분석이 나오는 배경이다.

작년에 김정은이 시진핑을 네 번 찾아갔다. 김정은이 미국과 수 교 등 관계를 정상화하겠다는 말에 중국이 다급해진 결과 김정은을 초청한 것이다. 중국은 안보상 북한의 지정학적 위상이 굉장히 중요 하다. 만약 한반도가 통일이 돼서 주한미군이 그대로 상주한다면 그 들의 턱 밑으로 그대로 주한미군이 들어오게 된다. 이는 미국의 중국 봉쇄전략의 완결판이라고 할 수 있다. 거꾸로 중국으로서는 큰 안보 위협이 되는 셈이다. 오히려 북한은 이를 이용해 시진핑에게 우리를 함부로 대하지 말라는 메시지를 보낸 셈이다. 트럼프는 중국에게 북 한문제에 개입하지 말라며 공개적으로 경고하고 나섰다. 이처럼 미국은 북한문제에서 중국을 완전히 손떼게 하는 전략을 채택하고 있다. 동시에 북-미 핵협상을 마무리하고 북한에 투자 후 한국이 안정적으로 운영하게 하는 모델을 구상하고 있다. 이를 통해 미국은 중국을 봉쇄하는 전략을 완성할 것이다. 따라서, 중국봉쇄전략의 최종적인 완결점은 한반도다. 앞서 말했듯 한국전쟁 이후 미국은 인도, 일본, 대만, 필리핀 등과 양자 안보체제를 구축하며 부채살 모양으로 중국을 포위해 왔다. 이제 남은 곳은 한반도 밖에 없다. 한반도에서 북한을 미국이 접수한다면 중국은 꼼짝없이 갇히게 되는 셈이다. 이런 지정학적 군사안보들이 얽혀있는 거대한 그림 속에서 한반도 문제 해결이 쉽지 않다.

결국 이런 것들을 우리가 능동적으로 어떻게 해결할 것인지에 대한 강한 외교안보적 확신이 정치권에서 해결되어야 하고, 이것을 토대로 김정은을 계속해서 설득하는 작업이 필요하다.

한반도 신경제 지도, 평화가 곧 경제다

일부 보수세력들은 한반도 평화를 싫어한다. 그들에게 한반도 평화체제는 기득권의 상실을 뜻하기 때문이다.

냉전 속에 70년 동안 기득권을 유지해 왔는데 그것이 없어진다고 하면 당연히 저항을 할 수 밖에 없다. 거꾸로 한반도 평화는 곧 새로운 대한민국을 만드는 결정적 계기를 제공한다. 일부 개혁적 보수세력은 한반도 평화체제에 동의한다. 그들도 1990년대초 노태우정부 북방외교를 거들었으며 남북기본합의서 채택을 추진하는 등 보수진영 내에서도 한반도의 평화가 민족적으로 매우 중요한 기회라는 인식이 깔리기 시작했다. 당연히 한반도 평화 체제가 대한민국 경제의 또다른 성장 모멘텀이고 통일의 밑거름이다. 또한, 평화가 경제일 뿐만 아니라 경제가 곧 평화다. 다시 말해서 경제교류를 통해 평화는 완성될 수 있다. 앞서 말한 것처럼 미국자본이 북한에 들어가면 이는 확실한 평화수단이 된다. 미국자본을 지키기 위해서라도 전쟁을 할 수 없기 때문이다.

따라서, 현재 개성공단과 금강산관광은 조속히 재개돼야 한다. 한강의 평화적 이용을 완성하고 제2개성공단 구축과 평화경제특구를 하루빨리 조성해야 한다. 이를 통해 기업인들이 북한에 들어가서 공장도 만들고 노동자들도 채용하도록 해야 한다. 그런 상황이 되면 아무리 북한의 강경파들이 우리 체제를 위협할래야 할 수 없다. 그러므로 경제가 곧 평화이고, 평화가 곧 경제다. 이런 한반도 경제에 대한 분명한 자각이 있어야, 우리가 중심이 되는 한반도 운명을 결정할 수 있을 것이다. 개성-김포간 다리 건설이 선택이 아닌 필수인 이유다.

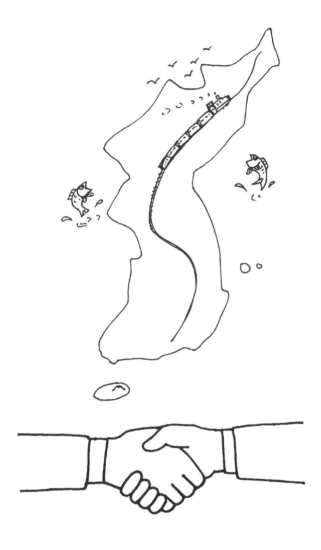

○ 여성과 남성이 상생하는 아름다운 길

나는 2018년 서지현 검사의 용기있는 폭로로 시작된 미투운동을 '제2의 촛불혁명이다'라고 생각한다. 그 이유는 촛불혁명이 기존의 대한민국체계가 산업화 과정 속에서 축적돼 온 부조리한 시스템에 대해서 온 국민들이 분노하고 적폐청산을 하라는 외침이었다면, **미투운동은 우리 생활 안에 잠재된 봉건적 문화를 타파하자는 운동이기 때문이다.** 대한민국이 20세기를 숨 가쁘게 달려오면서 급속도로 산업화하고 민주화하면서 일정한 성과들을 거두었다. 하지만, 여전히 우리 내부에 봉건의식, 혹은 봉건 문화가 잔존해 있다. 그런 것들은 가장 취약한 곳에 집중해 나타나게 돼 있는데 그것이 바로 젠더문제다.

미투운동, 봉건적 문화 타파운동

흔히들 우리가 아내를 가리킬 때 약간 비하하는 말투로 마누라고 부른다. 나도 어떤 땐 무의식적으로 그런 말이 나올 때가 있다. 이는 어렸을 때부터 남존여비의 봉건적 잔재들이 깔려 있기 때문이다. 사회적으로도 자연스럽게 용인되고 있다. 심지어 TV를 보면 드라마든 뭐든 항상 여성들은 남편들한테 순종적이고 존댓말을 쓴다. 남자는 반말하고 굉장히 권위적이고 가부장적이다. 그러면서 마치 리더십이 있는 것으로 비춰지면서 여성을 항상 봉건적이고 따라야 하는 것으로 비춰지고 있다. 말투도 "네 알았어요." 하는 식이다.

이런 여성비하적인 상황설정은 젊은 트렌드의 드라마에서도 크게 다르지 않다. 여전히 여성들은 남자들한테 존칭을 쓴다든지 존댓말을 하는 것들이 버젓이 나타나고 있다. 나는 어렸을 때부터 그게 참 궁금했다. 왜 드라마에서 여자들은 남자들한테 항상 존댓말을 쓸까? 그것은 우리나라 부부가 서로 호칭에 대한 그리고 어투에 대한 일종의 봉건적 문화가 딱 남아있는 것이라는 결론밖에 없다.

그보다 더 심각한 것이 있다. 사회구조적으로 여성임원의 승진비율이나 혹은 몇몇 분야에서는 금녀의 벽이 확실하게 있다든지, 여전히 우리 사회에서 여성폄하, 혹은 남존여비의 봉건적 문화와 의식들이 짙게 깔려 있다.

이것을 깨우치고 타파하자고 외쳤던 것이 바로 미투운동이다. 그래서 촛불혁명이 기존의 대한민국 제도와 전체적인 시스템에 대한 저항이었다면 미투운동은 대한민국의 봉건적인 문화와 의식에 대한 저항운동이었다.

의식의 혁명을 일으키지 않으면 젠더의식은 요원하다. 때문에 공공부문의 성인지 예산과 교육은 강화돼야 하며 시민을 대상으로 젠더 교육과 캠페인이 대대적으로 일어나야 한다. 내가 이나마 젠더의식을 갖게 된 배경에도 경기도 여성개발원에서 하는 교육과정을 이수했기 때문이다. 도의원 되기 전 '여성이 편해야 김포가 행복해진다'는 캐치프레이즈를 내걸고 여성의 전화와 모니터링도 했지만 여전히 내 속에 봉건적 잔재의식이 남아 있다고 고백하지 않을 수 없다. 남녀평등사회나 혹은 남녀상호존중사회로 가기 위해서 바뀌어야 할 풍토는 어떠해야 하는지 파악하고 실천해 가는 게 지금부터 해야 할 일이다.

제도적으로 성평등 지수를 높이고 성인지 예산과 사업을 늘려야 한다. 동시에 여성 임원 승진과 관련해서도 약간의 강제 조항도 일부 필요할 수 있다. 문재인대통령이 집권하면서 '여성장관 비율을 30%로 맞추겠다'고 스스로 선언하고 목표를 설정한 것은 상당히 의미 있다. 그와 마찬가지로 공공분야에서부터 여성의 간부직 승진 비율을 많이 높여야 한다. 그리고 제도적으로 의무화할 필요도 있다.

남녀평등사회 문제는 성평등 문제

1968년 혁명을 계기로 촉발된 성평등 문제는 계급평등, 사회 부조리 혁파와 연관돼서 맞물려서 이루어졌다. 우리나라에서 여성운동하는 분들에 대해서는 항상 색안경을 쓰고 쳐다보는 경향이 있다. 하지만, 이제 당당히 젠더문제를 바라봐야 한다. 여성이 주체적으로 뛰어들지 함께 고민할 필요가 있다. 이때 한계에 도달하고 있는 것은 두 가지라고 본다. 첫 번째는 국가가 여성의 모성을 보장하고 보살펴야 한다. 미혼모가 대표적인 경우다. 두 번째는 소비자 운동이다. 수천 년 동안 이어온 전통적인 질서는 남자가 돈을 벌고 여성이 가계를 꾸려가면서 살림을 한다. 지금도 여전히 소비자 운동은 주부나 여성의 몫으로 인식되고 있다. 하지만, 이는 잘못됐다. 최근 가습기 살균제 사태나 혹은 자동차 급발진 사태에서 보듯 소비자운동은 전 국민의 몫이다.

따라서, 남성육아 휴직제도를 더 강화하고 여성의 육아휴직제도를 전보다 더 높이고 육아휴직에 따른 불이익을 법으로 금지해야 한다. 또한, 국가가 보육을 온전히 책임져야 한다. 소비자운동은 사회적으로 보충할 수 있는 분야가 아니다. 소비자 운동이 여전히 우리나라에서는 낮게 취급되고 있는 게 현실이다. 하지만 미국이나 해외의 경우에는 소비자보호촉진에 관한 법률들이 굉장히 촘촘하게 잘 되어 있고 매우 중요한 사안으로 다뤄지고 있다. 소비자운동은 결국 생태운동하고도 연결돼야 실효성을 거둘 수 있다. 최근 일어나고 있는 플라스틱 환경오염 등은 결국 우리가 플라스틱을 무분별하게 사용을 하면서 벌어진 일로 그 많은 플라스틱 제품의 대다수 수용처는 가정이다. 이처럼 가정에서 발생하고 있는 다양한 환경오염유발들이 결국에는 플라스틱과 같은 문제로 터지게 된다.

이처럼 소비자운동은 생태운동과 같이 결합돼 진행돼야 한다. 이는 여성가정부와 환경부가 공동사업의 일환으로 지속적으로 추진할 필요가 있다. 그래야 지속가능한 테제로서 가능하다.

○ 힘들어하는 청년들을 위하여

청년 실업을 완화하는 데는 실근로시간 단축을 통한 일자리 나누기가 큰 역할을 할 것입니다. 우리는 유례없이 긴 노동시간을 보이고 있기 때문에 이것을 근로기준법대로 '주40시간-연장근로 12시간'으로만 유도해도 무려 70만 개의 일자리를 늘릴 수 있습니다. 새로 만들어지는 일자리를 청년에게 우선 제공한다면 청년실업을 많이 개선할 수 있습니다. 여기에는 프랑스 올랑드 정부가 추진하고 있는 '세대계약', 즉 청-장년 일대일 멘토 계약제도에서 참고할 대목이 많습니다.

이와 함께 청년고용의무할당제도 도움이 될 수 있습니다. 청년을 많이 고용하는 업체에 대해서는 정부조달사업 등에서 혜택을 주는 방법도 있습니다. 더 나아가 장기실직 상태에 있거나 고용보험 가입경험이 없는 사회초년생들에게 한국형 실업부조제를 도입토록 하겠습니다. 구직활동 및 직업훈련에 참여하는 것을 조건으로 최소한의 개인 생계비를 지원하는 방식입니다.

－ 문재인 대통령 국정운영 대담집 《사람이 먼저다》 중에서

언제부터인가 '치유'라는 의미를 가진 힐링이라는 단어가 젊은이들의 힘겨운 상황을 타개하는 만병통치약처럼 전파되고 있다. 나는 그런 의미로서 '힐링'이라는 말을 들으면 심사가 복잡해진다. 학자금 대출이다 취업난이다 해서 출발부터 부채인생에 시달리는 요즘 젊은이들에게 '다 잘될 거다' '너만 그런 게 아니다'라며 위로하는 척하는 건 정말 기성세대로서 무책임하고 잘못된 생각이다.

몸이 녹아나도록 일해도 늘 신산한 살림살이, 죽어라 달려도 제자리인 절망스러운 현실, 이를 버텨내는 수많은 젊은이들에게 힐링이 절실하지만 정작 그들에게 다가서는 힐링의 모습은 어떤가. 밑도 끝도 없이 강요되는 긍정적 마인드이거나 대안 없이 부추기는 막연한 기대감, 혹은 천박한 물신주의가 전부다. 거기서 끝나지 않는다. 많은 이들이 겪고 있는 상처가 사회 구조적 문제에서 비롯된 것임에도 개인의 문제로 주저앉히며 참고 버텨보라고 한다. 이것은 해법이 아닌 도피를 부추기는 셈이다. 심하게 말하면 문제의 근원을 외면한 사기극이다.

청년관련 정책을 집중적으로 시행하고, 청년정책전달체계를 구축해야

취업난으로 좌절을 겪고 있는 청년들이 많다. 많은 분들이 젊은이들에게 예전보다 기회의 문이 좁아졌다고 말한다. 과연 그럴까. 그분들이 말하는 기회의 문은 대기업 취업의 문, 혹은 공무원 합격의 문일 것이다. 사회가 청년들을 대기업과 공무원 취업으로 내몰면서 기회가 좁아졌다고 비판하면 참으로 무책임한 태도다. 나아가 그 사회는 심각한 병폐를 안고 있는 셈이다. 나를 포함한 기성세대들은 자라면서 전통적인 코스들을 밟았다. 초·중·고 과정을 마치고, 취업이 잘 되는 전공을 골라 대학을 나온 후 대기업에 가는 것이 기본적인 방식이었다. 혹은 공기업이나 공무원에 쉽게 들어갈 수 있었다. 당시 대한민국이 산업화 민주화를 거쳐 가파른 성장을 하다보니 다양한 인재들이 필요했고 대기업을 비롯해 각 영역에서 진출할 수 있는 기회가 많아졌다. 586세대가 축복받은 세대라는 비아냥이 나오는 배경이다. 하지만, IMF 외환위기 이후 젊은이들에게 기존 세대와 같은 전통적인 사회진출 방식은 매우 어려워졌다. 이러할 진대 청년들에게 대기업과 공무원을 강요하는건 너무 가혹하다.

오히려 다양한 기회의 문을 만들어야 한다. 다행히 사회의 분야가 예전보다 상당히 넓고, 깊어졌다. 이를 제도권에서 적극 지원해야 한다. 예를 들어 시민 사회단체 청년들을 위한 기금을 조성해 주거비 지원이나 급여 지원을 늘려야 한다. 청년 금융자조 시스템을 갖추는 것도 방법이다.

이처럼 현재 청년들에게 다른 차원으로 기회의 문을 넓혀줘야 한다. 그리고 충분히 지원해야 한다. 물론, 그것이 청년들의 취업난을 해소한다든지, 청년을 둘러싼 각종 문제들을 해결할 수 있다는 것은 아니다. 현재 사회적 자본으로서 청년들에게 제공되는 여러 기회를 이전보다 많이 제공해야 한다. 범정부적인 차원에서 그리고 정치권 차원에서 청년과 관련된 정책들을 집중적으로 다루고, 효과적으로 청년들에게 전달될 수 있는 체계를 갖춰야 한다. 현재 정부부처별로 모두 청년대책들을 갖고 있다. 문제는 이것들이 제대로 청년들에게 전달되고, 국민들에게 각인이 안 되다보니, 청년들에게 취업난만 부각되어 있는 것이다. **복지전달체계 같은 청년정책전달체계를 조직적으로 꾸리고, 그것이 체계적으로 청년들에게 전달되고, 동시에 청년들이 다양한 영역으로 자기의 꿈과 미래를 펼칠 수 있는 기회를 갖는 체계가 중요하다.**

청년위한 자조금융시스템 필요

또한, 정부나 지자체에서 마이크로 크레딧 운동 같은 청년들의 신용회복을 도와주는 사회적 금융 운동을 적극적으로 지원해줘야 한다. 청년들에게 금융위기가 닥치면 걷잡을 수 없다. 심지어 1~2백만 원 사채의 늪으로 빠지는 경우도 많다. 이를 방지하려면 청년들에게 금융에 있어서 상부상조하고 그것을 통해 자조할 수 있는 자조금융시스템을 미리 구축해 놓는 것이 중요하다. 그래야만 청년들이 돈의 굴레에서 조금이나마 회복될 수 있다. 이는 결과적으로 청년수당까지 결부될 것이고, 요즘 논의되는 기본 소득까지 이어질 수 있다.

다양한 자리에서 청년들과 대화해보면 경제가 어렵고 양극화가 심화되면서 취업은 어려워지고, 비정규직과 단기알바로 대표되는 질 나쁜 일자리만 양산되어 미래가 사라져버리는 신자유주의 체제 속에서 이 친구들이 자조하고 자립할 수 있는 곳이 먼저 필요하다는 생각이 들었다. 중소기업에 취업하려고 해도 근로조건은 최악인데, 임금은 대기업의 절반 수준 밖에 안 되니 고학력 청년들이 선택을 꺼리게 되고, 동시에 질 나쁜 일자리가 양산되는 상황 속에서 청년들이 갈 곳은 공무원시험에 몰리게 되는 것이다.

청년들이 개인이 될 수도 있고 단체가 될 수도 있고 계층화 될 수도 있는데 금융적 측면에서 본인들이 극복할 수 있는 자조금융시스템을 통해 협동하면서 전반적 회복운동이 필요하다. 쉽지 않지만 예를 들어 박원순 서울시장이 운영하고 있는 혁신파크 같은 경우가 청년들의 자조를 어떻게 도와줄 수 있는지에 대한 측면에서 아주 바

람직한 모습이다. 기본소득제도나 청년수당제도 등은 단순한 보조적 수단이다. 자조금융시스템과 같은 사회적협동조합 육성을 통해 청년들이 혁신 프로그램을 많이 만들어 내고 실제로 청년들이 스스로 일어날 수 있어야 한다. 혁신 프로그램에는 주거문제 등 여러 가지 문제가 포함될 것이고 그런 것들을 거시적인 측면에서 해결해야 하고, 동시에 중소기업의 청년취업을 위한 제도가 함께 진행돼야 한다.

한편, 청년들이 보수화됐다는 것에 대해 동의하지 않는다. 2016년도 총선은 2~30대가 투표장에 대거 몰리면서 결과가 뒤바뀐 총선이다. 그 배경에는 2014년의 세월호 참사나, MB 정부 5년을 체감한 세대인 2~30대의 시각이 진보, 보수를 떠나서 정권이 취했던 정책들이 본인들에게 얼마나 큰 고통으로 와 닿았는지를 깨달았기 때문이다. 최근 문재인 정권에 대한 20대 지지도가 떨어졌다고 하는 부분은 일정 부분 맞다고 본다. 2016년도 2~30대가 새누리당, 박근혜를 심판했던 것처럼, 지금의 20대 역시 비록 진보정권이라고 해도 내 삶을 구체적으로 바꿔내지 않으면 지지를 철회하고 심판할 용의가 있다는 경고다. 내 삶을 변화시켜 내지 않는 정치권에 대해서는 젊은 세대가 분명한 목소리를 내기 시작했다는 것은 대단히 의미가 크다.

외국의 경우, 스페인의 포데모스나 그리스의 오성운동 등 청년들이 기존 정치권에 대한 새로운 질서를 요구하고 있다. 더불어민주당뿐만 아니라 기존의 정치권에서 청년들의 정치적 욕구에 대해 계속해서 적극적으로 대응하고, 정책을 흡수하는 방식으로 나아가지 않으면 안 된다.

문화, 지원하되 간섭하지 않는다

아직도 문화산업에 종사하는 인력에 대한 처우는 열악한 편입니다. 젊고 역량 있는 예술가들이 생계를 걱정하는 상황에서는 참신하고 도전적인 예술이 나오기가 어렵지 않을까요?

가끔씩 젊은 예술가들이 생활고와 병마를 이기지 못하고 요절하거나, 스스로 세상을 등지는 안타까운 소식을 접하게 됩니다. 이제는 한류 문화가 국제적인 주목을 받고 미래의 주요한 수출 상품으로 발돋움하는 상황입니다. 그러나 아직도 많은 젊은 예술가와 스태프들이 생활고를 겪는 현실은 우리 모두가 부끄러워해야 할 일입니다. 예술가 중에서 창작활동 관련 수입이 없는 사람은 약 40%이며, 최저생계비 수준인 월평균 100만원에도 미치지 못하는 사람은 약 60%에 이른다고 합니다.

정부는 기본적으로 문화산업에 종사하는 예술인들이 경제적으로 최소한의 생계를 보장받고, 자신의 영역에서 마음껏 재능을 펼칠 수 있도록 문화예술가들에 대한 현실적인 지원책을 강구하도록 하겠습니다.

– 문재인 대통령 국정운영 대담집 《사람이 먼저다》 중에서

대한민국의 문화예술정책이 사실 제대로 꽃피웠던 때가 김대중, 노무현 정부 시절이다. 그때 뿌려진 문화예술 정책이 지금 와서 꽃을 피우면서 그 결과, BTS 같은 천재들이 세계를 휘어잡고 있다. 김대중 정부의 문화예술정책의 기조는 한마디로 '자유로운 문화활동 보장'이다. 자유로운 창작활동을 보장하고, 지원은 하되, 간섭은 하

지 않는 것이다.

문화예술정책은 자유로운 창작활동 보장이 우선

SM이나 YG같은 기획사의 경우, 국내에서 아이돌그룹을 잘 키워서 성공시키고 돈 버는 구조의 기업논리로 대부분 연예 사업을 한다. 한 달에 우리나라에서 배출되는 아이돌 그룹이 2백개 정도라고 한다. 그중 성공하는 아이돌은 불과 몇 개 밖에 없다.

BTS를 보면서 '왜 글로벌이 됐을까?' BTS를 기획한 방시혁은 처음부터 해외 진출을 목표로 BTS를 만들었다고 한다. 사실 BTS의 음악이 우리나라 사람들에게 와 닿는 비트나 리듬이 아니다. 오히려 서양인이 좋아할만한 비트나 리듬에 맞춰서 기획을 했다고 한다. 어느 날, 방시혁이 한 인터뷰에서 이런 말을 했다. "나의 모든 기획의 근원은 분노에 있다." 그렇다면 그 분노는 무엇에 대한 분노인가?

문화예술분야는 자유로운 영혼들이 자유롭게 창작활동을 하게끔 하는 영역이다. 그들이 자유로운 창작활동을 할 수 있도록 놔주고, 지원은 확실하게 해줘야 한다. 젊은 문화예술인들에게 있어 가장 큰 문제는 소득이다. 이를 위해 창작문화활동을 할 수 있는 기반만 조성해주면 된다.

기본적으로 "놔둬라."는 말은 자유를 뜻한다. 자유는 곧 저항이다. 기본적으로 해방을 의미한다. "나의 창작 근원은 분노에 있다"는 말은 여기서 출발한다고 본다. 자유와 분노, 저항은 동의어다.

지역문화담당자들의 역량이 충분히 발휘될 수 있는 기본 풀(Pool) 갖춰야

지역문화가 활발하게 꽃피우기 위해서는 우선 지역문화담당자들이 충분히 자신의 역량을 펼칠 수 있는 기본 풀(Pool)을 많이 만들어야 한다. 첫 번째로 창작활동가들을 적극적으로 양성하고 유치하는 것이 필요하다. 두 번째로는 지역문화 인력을 많이 양성하는 것이 지역문화활성화를 위한 기본조건이다.

지역문화 담당자를 많이 만들어내고 활성화 시키면 그 때부터는 알아서 흘러간다. 내 사람에 대한 철학은 '자유롭게 놔둬야 한다.'이다. 흔히 말하는 방임형 혹은 자율형이라고 일컫는다. 하물며 백짓장도 맞들면 낫다고 하는데 사람이면 본인이 스스로 더 뭔가를 하려고 할 것이다. 일본의 교세라의 경우 인재 채용 시, 승진을 굉장히 자유롭게 한다. 직원들에 대한 업무규정 없이 자유롭게 놔둔다. 일정한 수준의 학식과 역량들을 갖춘 보통 사람이라면 시키지 않아도 일정하게 내놓을 수 있는 성과들은 알아서 창출한다고 보는 입장이다. '자기 밥벌이는 자기가 알아서 한다.' 이런 식의 사람에 대한 믿음이 있다. 문화는 굉장히 자유로운 영역이므로 문화담당자들에 대한 규정을 만들거나 행정적 제재를 가하지 않아야 한다. 지역문화가 활성화되기 위해서 지역문화 활동가 확충이 기본 필수조건이며, 그 후에는 자유롭게 놔둬야 한다.

예를 들어 향토문화가를 10명 충원했다고 하면 담당자별로 지역을 나누고, 자유롭게 향토문화에 대한 사업들을 입안하고, 발굴한 후, 한 달 후에 모여서 의논을 하는 것이다. 자유롭게 놔두는 것에도 제도와 장치가 필요하다.

어르신들과 환담

○ 진정한 지방분권시대를 맞이하려면

지방분권은 결국 중앙정부와의 관계성과 연동될 수밖에 없다. 현재 국가 전체의 사무가 5천 가지가 넘는다. 이중 60%가 중앙정부 몫이고, 나머지 40%가 지방정부의 몫이다. 그리고 재정의 80%는 국가, 20%는 지방으로, 국가에서 세금을 100원을 걷어 들인다고 하면 80원은 중앙정부에 주고 20원은 지방정부에 준다는 말이다. 즉 자주재정을 이뤄낼 수 없는 구조인 것이다. 뭘 하고 싶어도 국가의 간섭, 국가의 시혜가 따른다.

분권을 한다는 것은 이런 것을 분산시킨다는 것이다. 민주주의 시대의 지방자치를 제도적으로 공고히 하기 위해서는 일종의 연합지방정부 자치 헌장을 만들 필요가 있다고 본다. 이를 위해 나는 경기도 의원시절 경기도 연정을 선도적으로 구현하기 위해 '경기도 지방자치헌정'을 마련해야 한다고 주장했다. 이는 2015년 경기도의회 정책연구에서 제안한 내용이다. 연정은 입법부의 역할이 강조되는 합의제 민주주의를 바탕으로 한다. 따라서 자치단체 실정에 맞는 기관 구성을 자율적으로 선택할 수 있는 법적, 제도적 근거를 마련해야 한다. 경기도 지방자치헌정은 이를 가능케 하는 경기도의 헌법이다. 경기도가 중앙정부로부터 부당한 간섭을 받지 않고 자율권과 활동을 보장하는 자치권을 뜻한다.

정부가 2014년 '지방자치발전 종합계획'에서 밝혔듯이 자치사무 비율이 40%를 목표로 단계적으로 늘어날 전망이다. 또한 기초자치단체가 미국의 약(翁) 시장-의회형으로 기관구성 다양화가 추진된다면 도의 지역 통합적 기능은 더욱 중요해질 것이다.

경기도는 31개 시군으로 구성되어 있으며, 서울시와는 다르다. 서울시는 일선 26개 구에 예산을 내려주는 것이기 때문에 서울시의 권한이 강하다. 그리고 서울시의 경우는 일선 구가 경제적으로 자립할 수 있는 틀이 별로 없다. 그러나 경기도는 시군마다 편차가 있기는 하지만, 서울에 비해 31개 시군의 목소리가 크다.

지방분권을 논할 때, 독일에 대해 많이 이야기 하는데, 문재인대통령이 연방제 수준의 지방분권개헌안을 하겠다고 밝힌 바 있다. 연방제수준이라고 하면 미국의 52개주나 독일의 25개주, 우리는 17개 광역시·도 개념이다. 그리고 이 안에 경기도는 31개 시군이 있다.

지방분권이라고 하면 중앙정부가 갖고 있는 권력을 나누는 것이다. 권한을 분산, 이양시키고, 반대로 책임은 강화하는 것이다. 경기도가 지방분권에 어느 정도 준비되어 있는지 현실적으로 정확하게 판단하기는 어렵다. 그러나 사실상 경기도의 권한이 중앙정부와 일선 시군 사이에 있는 상태다. 끼어있는 상태이며 거쳐 가는 상태로 애매한 상황이다. 지방분권이 본 궤도에 오르면 중앙정부의 권한이 경기도에게 많이 이양될 것이고, 그러면 경기도가 지금보다는 31개 시군에 목소리를 좀 더 크게 낼 수 있을 것이다.

문제는 '경기도의 4천명의 공무원들이 지방분권을 해낼 수 있는 역량이 있느냐?' 하는 것이다. 이것은 좀 다른 문제다. 지방분권 시대를 대비하기 위해 이재명 지사에게 부탁을 하는 것 중에 하나는 공무원을 대상으로 하는 지방분권 대비하는 게 중요하다는 것이다. 교육이든, 시스템이든 준비해야 한다. 그렇지 않으면 지방분권개헌이 이루어진다 하더라도 어떻게 해야 할지 모르는 우왕좌왕하는 일이 발생할 수 있다. 일선 시군에게 주도적으로 경기도의 정책, 경기도의 입장이 반영될 수 있는 여건이 형성돼야 한다. 정책이라는 것은 리더와 밑의 공무원들의 입장이 다르다고 하더라도 무조건 리더의 말만 따라서도 안 되고, 또 무조건 리더와 반하는 행위를 해서도 안 된다. 여기서 필요한 것은 정무적 판단이다. 정무적 판단능력을 결여한 상태에서 공무원들이 지사나 시장 같은 리더를 따른다고 한다면 결국, 기계적 수행자 역할 밖에 못하거나 아무것도 안 하는 복지부동의 영혼 없는 공무원으로 전락해 버릴 수도 있다.

한국의 지방자치는 1995년에 시작됐다. 20년이 넘는 지방자치의 역사에도 불구하고 여전히 지방자치와 분권의 길은 멀기만 하다. 국가는 지방에 권한을 넘기지 않고 있으며, 지방의 재정자립도와 재정자주도는 점점 악화되고 있다. 지방분권의 핵심은 지방정부의 자율성을 얼마나 보장하는가, 결과로서 지역균형발전과 주민자치와 복지에 기여할 것인가에 있다.

한국의 지방자치제도는 1400만 명의 경기도에서 인구 1만 명이 겨우 넘는 경상북도 울릉군까지 '직선 단체장과 지방의회'라는 기관대립형 모델을 획일적으로 채택했다. 한마디로 지방자치를 실시한다고 말하기 민망한 상황이다.

2017년 더불어민주당 대통령 후보 경선에 참여한 안희정 충남도

지사는 대통령과 시도지사 등 광역 지방정부의 책임자들이 공동으로 참석하는 '제2국무회의'를 별도로 만들자고 제안한 바 있다. 중앙정부와 지방정부 사이의 분권과 협치를 정착시키려는 의미 있는 시도라고 본다. 현재 국무회의에는 서울시장만 참여할 수 있고, 그 자격도 정식 국무위원이 아니라 배석에 지나지 않는다. 구조적으로 종속된 상황에서 이야기하는 자치와 분권은 공염불일 뿐이다. 적어도 지방에 관련된 사안은 지위여하를 막론하고 동등한 권한이 주어지는 지방자치장들이 자리에 앉아 소신 있게 이야기할 수 있는 여건이 주어져야 한다. 우리 시대의 지역민의 민의가 제대로 구현할 수 있는 진정한 지방자치행정이 발휘될 수 있기를 지방자치의회 도의원을 지낸 한 사람으로서 간절히 기원한다.

새 정부의 경제정책,
중소기업 강화로 이어져야

　지난달 25일 문재인 정부가 '사람중심 경제'라는 패러다임의 경제정책방향을 발표했다. 경제정책방향을 보면 저성장·양극화 동시 극복을 위해 수요측면에서 일자리 중심·소득주도 성장, 공급 측면에서 혁신 성장이라는 쌍끌이 방식을 설정했다. 이를 위해 사회보상 체계 혁신을 통해 공정경제로 전환하겠다는 내용을 담고 있다. 이에 따라 15개 정책 목표를 설정해 분배와 성장이 선순환을 이루는 사람 중심 지속성장 경제를 구현하겠다는 전략이다.

　문재인 정부의 이같은 경제정책은 한국경제가 물적자본 투자에 집중함으로써 상대적으로 고용과 복지 등 사람에 대한 투자가 부족해 가계와 기업의 불균형을 초래했다는 반성에서 나왔다. 또한, 대기업과 수출에 지원이 집중되면서 대·중소기업 간의 격차도 크게 벌어져 지속가능한 성장을 담보할 수 없다고 판단하고 있다. 이로써 지난 보수 정권에서 말로만 그쳤던 '경제민주화'에 관한 주요 정책들이 상당부분 반영됐다는 평가가 나온다.

공정경제, 중소기업 경쟁력 강화가 핵심

　우리나라 중소기업은 대부분 대기업과 직·간접적인 하청관계를 이루고 있다. 대기업과 거래로 유지된다 해도 과언이 아니다. 때문에 아무리 정부의 공정경제 의지가 강하더라도 중소기업은 여전히 대기업 눈치를 살필 수 밖에 없다. 이렇다 보니 경제민주화의 주요 논의도 재벌 개혁과 대기업 횡포를 막는 데에 초점을 맞춰 왔다. 하지만, 중소기업의 경쟁력 강화가 경제민주화 정책의 최종 종착점이어야 한다. 이를 무시하고 재벌 문제만 다룬다고 공정한 경제를 만들기는 어렵다.

선진국의 대-중소기업 거래는 모기업을 정점으로 한 피라미드형을 띤다. 이 경우 1차 수급 기업이 높은 기술력과 건전한 재무 상태를 지녀야 가능하다. 따라서 공정한 하도급 거래를 이루어낼 수 있으며 생산성 향상에 따른 성과를 공유할 수 있다. 이와 반대로 우리나라는 대기업이 작은 부품회사까지 챙기는 역피라미드형이다. 때문에 기술과 공정 혁신보다는 낮은 인건비에 기초한 경쟁력 확보가 우선일 수 밖에 없다. 이는 중소기업의 열악한 고용환경으로 이어지는 결과를 낳게 된다. 당연히 대-중소기업 공정거래는 기대할 수 없다. 그 결과 위-수탁 기업간 영업 이익률에 현격한 차이가 발생하게 된다.

새 정부도 이같은 문제점을 인식해 협력이익배분제 등 대-중소기업 동반성장 정책을 채택하고 있다. 하지만, 이것만으로는 부족하다. 중소기업이 대기업과 거래에서 협상력을 높이기 위해서는 경쟁력을 강화해야 한다. 이를 위해 중소기업 생산성 향상을 위한 요소기술의 강화를 지원해야 한다. 중소기업 전용 R&D를 늘려야 하며 직접 지원 방식에서 협력적 생태계 조성으로 전환해야 한다. 이는 지역중심 산학 혁신 클러스터를 적극 발굴함으로써 가능하다. 제조기업이 많이 몰려 있는 일반산업단지의 경우 지역별로 차지하는 비중이 상당함에도 불구하고 국가산업단지와 달리 정책지원의 사각지대에 놓여 있다.

4차 산업혁명, 지역 혁신 클러스터에서 실현돼야

문재인 정부는 이달 중에 대통령 직속의 4차 산업혁명위원회를 띄우고 혁신적 과학기술 생태계 조성에 나서겠다고 밝혔다. 이를 통해 스마트 공장 2만 개 보급 등 국내 제조업 부흥 전략을 수립하겠다는 계획이다. 하지만, 국내 대부분의 중소 제조기업은 스마트 공장을 추진할 여력이 없다. 특히, 4차 산업혁명에 대한 관심은 높으나 대응수준이 매우 미흡하다. 그 이유로는 인프라 부족과 전문인력 부족과 이해 부족 등을 꼽고 있다. 따라서, 융합기술의 특성을 이해하는 전문가를 양성하는 게 급선무다. 재직자 대상의 요소기술과 실무 적용 사례 교육을 강화해야 한다. 관건은 기업들이 교육을 보낼 여력이 있느냐다. 제 아무리 기업인들의 인식을 바꾼다 해도 현장에 사람이 모자란 판에 어떻게 교육을 보내냐는 것이다. 국내 재직자 중심 교육이 제대로 이뤄지지 않는 이유가 여기에 있다. 따라서, 일반산업단지를 산-학을 연계하는 지역

혁신 클러스터로 전환시켜야 한다. 동시에 3D 프린팅 랩과 같은 제조 지원센터를 운영해야 한다. 이를 통해 중소기업이 강한 경쟁력으로 대기업과 공정하게 거래하고 글로벌 강소기업이 나올 수 있는 토양을 만들어야 한다. 이를 제대로 구현하고 있는 독일이 세계적 제조업 강국인 이유다.

– 〈경인일보〉 기고, 2017. 8. 10.

경기도형 대-중소기업 동반성장 모델 만들어야

경기도는 올해 초 전국 최초로 '경기도 대-중소기업 상생협력을 위한 동반성장 지원조례'를 제정하고 경기도형 동반성장 모델을 준비하고 있다. 이에 따라 8일에는 동반성장위원회와 '상생협력 양해각서'를 체결했다.

경기도에는 1,270만 인구와 10만개 중소제조업, 446개 대기업이 몰려 있다. 지역내총생산(GRDP)은 313조원으로 우리나라 총생산 규모의 21.9%를 차지하고 있다. 그만큼 '경기도형 동반성장' 모델을 위한 최적의 조건을 갖췄다는 뜻이다.

한국은 지난 2/4분기 성장률이 0.3%로 멈췄으며 소득도 4년 반만에 마이너스를 기록했다. 이처럼 위기의 한국경제에 '대-중소기업 동반성장'이 대안으로 떠오르고 있다. '동반성장'은 대기업 중심의 경제구조를 대-중소기업 상생 구조로 질적인 전환을 꾀하자는 것으로 저평가된 중소기업을 본격적으로 육성하는 것이다.

'최경환노믹스'로 불리는 소득주도 성장론도 중소기업부터 키워야 가능하다는 지적이 많다. 기술혁신 기여나 부가가치율, 노동소득 분배율 등이 대기업보다 높은 만큼 중소기업을 집중적으로 육성해야 한다는 것이다.

이같은 흐름은 경기도 기업 정책으로 이어져야 한다. 먼저 경기도형 동반성장 모델 수립을 위한 중·장기 계획을 수립해야 한다. 이를 바탕으로 다양한 실행 방안을 이끌어 내야 한다. 특히, 동반성장 정책의 핵심으로 알려진 '초과이익공유제'와 '중소기업 적합업종'을 경기도에서 어떻게 실현할 것인지 연구해야 한다.

대기업이 이익을 남기는 가장 손쉬운 방법은 중소기업 납품가를 깎는 것이다. 중소기업은 대기업의 납품가 인하 요구를 맞추기 위해 인건비를 줄이는 방법을 택할 수밖에 없다. 그 결과 수출로 얻은 이익은 대기업이 다 가져간다. 중소기업은 대기업과 연명수준의 거래로 어려움만 겪고 있다. 기업생존조차 불투명할 정도로 어려움을 겪고 있다.

따라서 수출 기획부터 공동으로 목표를 설정하고 이익을 많이 남겼을 경우 중소기업에 돌려 주자는 게 '초과이익공유제'의 핵심이다.

'중소기업 적합업종'은 골목상권마저 파고드는 대기업의 탐욕을 막아 중소기업과 자영업자들의 몫을 지켜줘 함께 살 수 있는 사회를 만들자는 제도다.

경기도와 대기업이 중소기업의 임금인상분을 지원해주는 제도도 고려해 볼 수 있다. 중소기업들이 직원들의 임금을 올려주면 대기업에서 인상분만큼 지원하는 것으로 SK, 남동발전 등에서 일부 시행하고 있다. 도와 대기업이 협력해서 중소기업의 인건비를 보존해주고 중소기업 직원들의 사기 진작은 물론 중소기업 인력난 해소에도 도움을 줄 수 있다.

그 밖에 경기도 기업들의 기술 임치제 지원, 청년들의 도내 중소기업 취직 지원금 제도 등 다양한 제도들이 있다. 대기업과 도가 함께 출연하는 동반성장 기금 조성도 좋은 방안일 수 있다. 또한, 경기도의 공공조달 사업에 대기업의 동반지수를 반영한 가점 제도 등을 적용해 볼 수 있다.

무엇보다 대기업의 인식 전환이 중요하다. 중소기업을 진정한 사업 파트너로 인식하고 아낌없이 함께 나누려는 자세가 절실하다. 또한, 노-사간, 지역간, 계층간 동반성장 문화 확산을 위한 교육과 홍보가 이루어 져야 한다. 문화로 자리 잡아야 동반성장이 성공할 수 있기 때문이다. '(가칭)경기도 동반성장 연구원'을 만들어야 할 이유다.

– 〈경인일보〉 기고, 2015. 9. 8.

"협치(協治)는 시대정신"

경기도가 '협치'를 내걸고 연합정치(이하 연정)를 출범한지 2년이 지났다. 연정은 한국 정치의 새로운 모델을 제시했다는 점에서 주목을 받았다. 이제는 연정이 지방정치의 유형으로 착근하는 제2의 민생연정으로 이어져야 한다. 이를 위해서는 지난 1기 연정에 대한 심도있는 평가가 뒤따라야 할 것이다.

레이파트 학파는 민주주의의 정치 패러다임을 다수제와 합의제로 구분한다. 다수제가 민주적으로 선출된 권력의 집중을 통한 정치의 효율성을 중시한다면 합의제는 권력분점을 통한 연합정치를 추구한다.

"합의제가 새로운 시대정신"

한국은 다수제 민주주의로 특징되는 87년 체제를 약 30년간 이어왔다. 87년 체제는 숱한 논란에도 불구하고 민주주의 확대·강화와 경제 성장을 이루는데 커다란 공헌을 해왔다. 하지만, 승자독식을 통한 정치적 불평등을 초래해 많은 갈등을 드러냈다. 그 결과 한국 사회는 세대, 계층, 노사, 지역 등 전 분야에 걸쳐 분열이 심화됐다. 특히, 1997년 외환위기로 신자유주의적 시장경제가 구조화되면서 사회 갈등은 극에 달했다.

이같은 갈등구조는 2008년 글로벌 위기를 맞아 본격적인 한계를 나타냈다. 한국 사회의 지속가능성을 위해서는 새로운 모델이 필요하다는 지적이 쏟아졌다. 특히, 신자유주의 극복이 당면과제로 떠오르면서 '경제민주화' 논의가 본격화 됐다.

경제민주화는 민주적 원리에 따라 시장경제가 운영되는 것을 뜻한다. 민주적 원리는 소유와 분배 전반에 걸친 참여의 확대가 필수다. 때문에 노동자와 중소 상인 등 사회-경제적 약자를 포함해 시장의 주요 구성원들이 경제정책 결정과정 등에 '동등하고 효과적으로' 참여할 수 있도록 하는 것이 핵심이다. 지금까지와 다른 시장 질서와 정치를 요구한다. 최근 총선 결과가 이를 증명한다. 정치는 경제체제를 바꿀 수 있는 가장 효율적인 비(非)시장적 기제다.

"지방자치헌정 마련해야"

경기도 연정이 선도적으로 시대정신을 구현한다는 철학 속에 주체적인 역량을 기르고 성공할 수 있는 조건을 만들어 가야 한다.

우선, '경기도 지방자치헌정'(이하 헌정)을 마련해야 한다. 이는 지난해 경기도의회 정책연구에서 제안됐다. 연정은 입법부의 역할이 강조되는 합의제 민주주의를 바탕으로 한다. 따라서, 자치단체 실정에 맞는 기관 구성을 자율적으로 선택할 수 있는 법적, 제도적 근거를 마련해야 한다.

헌정은 이를 가능케 하는 경기도의 헌법이다. 경기도가 중앙정부로부터 부당한 간섭을 받지 않고 자율권과 활동을 보장하는 자치권을 뜻한다.

박근혜 정부가 2014년 『지방자치발전 종합계획』에서 밝혔듯이 자치사무 비율이 40%를 목표로 단계적으로 늘어날 전망이다. 또한, 기초자치단체가 미국의 약(弱)시장-의회형으로 기관구성 다양화가 추진된다면 도의 지역 통합적 기능은 더욱 중요해질 것이다. 헌정 마련을 통한 선제적 대응이 필요한 이유다.

둘째, 시대정신에 맞는 제도를 갖춰야 한다. 경제민주화와 노동권익 보장을 위한 실질적 제도를 갖춰야 한다. 다양한 이해관계자들이 모여 경제정책을 입안하고 결정하는 경기도 경제정책 기구 신설이 대안일 수 있다. 최근 서울시의 사례처럼 공공기관 경영에 노동자가 참여하는 방안을 검토할 수 있다.

셋째, 현행 지방자치법 개정 등에 적극 나서야 한다. 지방재정 강화와 지방분권 확대를 위해 중앙정부와 국회에 요구해야 한다. 특히, 헌법 개정 논의가 시작되면 지방분권 강화를 위해 지방 정부에 입법청원권 등이 보장되도록 노력해야 한다.

끝으로 역지사지(易地思之)가 제일 중요하다. 연정은 공자가 내린 정언명령(기소불욕물시어인 己所不欲勿施於人)의 21세기형 정치체제라고 할 수 있다. 연정이 상대방 입장에서 참고 기다려야 하는 이유다.

– 〈중부일보〉 기고, 2016. 12. 7.

4차 산업혁명과
대한민국 리빌딩

스티브 잡스가 아이폰을 출시한지 10년이 지났다. 아이폰은 기존 IT산업 생태계를 뒤바꿔 세상을 혁명적으로 변화시켰다. 아이폰 출시 후 새로운 패러다임에 적응하지 못한 수많은 기업들이 문을 닫았다. 그중에는 모토롤라와 노키아와 같은 대기업도 있다.

지난해 우리는 알파고를 보며 새로운 패러다임의 출현을 목격했다. 바둑은 경우의 수가 무한대에 가까워 인공지능(AI)이 침범(?)할 수 없는 영역으로 여겨졌다. 그러나 알파고는 세계최강 이세돌을 보기좋게 꺾었다. 애플의 아이폰이 길을 터줬다면 구글의 알파고가 새로운 혁명을 이끌기 시작하고 있다. 정치, 경제, 사회, 문화, 교육 등 모든 영역에 걸쳐 새로운 패러다임이 만들어지고 이에 따라 인류의 가치관과 철학도 변하고 있다.

4차 산업 혁명, 자본의 위기에서 비롯돼

독일과 미국에서 비롯된 4차 산업혁명은 오는 2020년 본격적으로 시작될 전망이다. 산업혁명은 18세기말, 20세기초, 1970년대 세 차례에 걸쳐 일어났다. 이 과정을 보면 기술 진보에 따른 산업혁명 주기가 점점 짧아지고 있다. 그리고, 제아무리 강하고 큰 기업이라 해도 변화 속도에 적응하지 못하면 쓰러지고 말았다.

사실 4차 산업혁명은 생산성 한계와 이에 따른 자본 축적의 위기에서 비롯됐다. 지금까지 세계는 정보화·자동화와 같은 기술적 수준의 향상에도 생산성은 크게 늘지 않고 있다. 또한, 해외 생산기지 이전·노동 유연화와 같은 고용 환경의 변화에도 불구하고 자본 축적은 한계에 이른 실정이다.

이는 크게 두 가지에 기인한다. 첫째, 글로벌 수요가 한계에 이르렀다. 기업들이 더 이상 제품을 팔 시장이 없어지고 세계적인 성장은 둔화됐다. 새로운 수요처를 찾아야 하는데 전지구적으로 시장이 고갈됐음을 깨달은 것이다. 둘째, 고령화로 대표되는 인구절벽이 현실화 됐다. 다시 말해 제품살 사람이 없다는 것이다. 사줄 사람이 없으니 예전처럼 생산하면 망하기 일쑤다. 당연히 이익을 더 남기려면 인건비를 줄일 수 밖에 없다.

독일은 2004년 하르츠 개혁을 통해 노동 시장 유연화를 단행했다. 하르츠 개혁의 본질은 초단기 일자리와 비정규직을 양산하는 왜곡된 잡쉐어링이다. 독일은 이를 통해 일자리를 더 만들고 실업률을 낮춰 성장을 유지시킬 셈이었다. 하지만, 이마저도 오래 지속되지 못하고 새로운 해법을 찾아야 했다. 특히, 중국이 낮은 인건비와 기술 수준의 발달 등으로 세계 공장으로 우뚝 서자 위기감은 커질 수 밖에 없었다. 하르츠 개혁으로도 더 이상 감당할 수 없는 지경에 이른 것이다.

그 결과 제조업 리모델링 계획을 담은 '2013년 하이테크 전략 2020'을 발표하면서 '인더스트리 4.0'을 공개했다. 이를 클라우드 슈밥이 '4차 산업혁명'이라 명명했을 뿐이다.

촛불과 4차 산업혁명, 사람 중심 새로운 체제

인공지능과 로봇으로 특징되는 4차 산업혁명은 역설적으로 사람을 위한 경제 체제로의 회귀다. 4차 산업혁명은 더 이상 포디즘에 입각한 분업화되고 단순화된 '노동'을 필요로 하지 않는다. 자율적으로 분산된 가볍고 유연한 생산체계와 노동을 요구한다. 때문에 민주적 훈련을 쌓고 인문학적 종합교양을 갖춘 '사람'이 핵심을 차지한다.

독일은 '사람'을 최우선 가치로 삼는 국가다. 우리나라 헌법에 해당하는 독일 기본법은 제1조로 인간의 존엄성을 내걸고 이를 모든 공동체의 기초라고 규정하고 있다. 그리고 이를 절대 바꿀 수 없는 '영구조항'으로 삼고 있다. 당연히 국가는 모든 국민의 인간적인 삶을 보장하기 위한 정책을 최우선에 둘 수밖에 없다. 독일이 자유로운 경제 활동과 독점 규제, 노동자의 경영참여를 주된 내용으로 하는 '사회적 시장경제'를 채택하고 나아가 4차 산업혁명을 주도하고 있는 배경이다.

우리 역시 '사람'을 최우선으로 삼는 가치로부터 다시 시작해야 한다. 재벌을 개혁하고 온갖 적폐를 없애 정의롭고 공정한 경쟁 질서를 만들어야 한다. 다행히 온 국민이 촛불을 들고 조용한 혁명을 진행하고 있다. 어린 학생들조차 사악한 집단으로부터 민주주의를 구하기 위해 일어섰다. 민주주의는 '사람'을 핵심으로 삼는 이념이다. 우리가 대한민국을 리빌딩하고 4차 산업혁명에 능동적으로 대처할 수 있는 배경이다.

– 〈중부일보〉 기고, 2016. 6. 14.

자치조직권 확대로
시민주도 경기도 예산돼야

지난 22일 경기도의회가 21조 9,765억원의 경기도 예산과 14조 5,485억 원의 도교육청 예산을 통과시켰다. 경기도의회는 민선6기 마지막 예산 심의를 하며 민생 중심, 상임위 중심, 민주적·합법적 절차에 따른 예산 심의 원칙을 지키고자 노력했다. 하지만, 경기도는 학교실내체육관 건립 등 76개 사업을 부동의 하겠다고 밝혀 2016년에 이어 오점을 남겼다.

경기도의회가 통과시킨 예산의 주요 내용을 보면 어려운 경제현실을 감안해 청년 실업 해소와 영세소상공인과 중소기업 지원 등 민생에 역점을 뒀다. 문재인 정부의 도시재생 정책에 발맞춰 도시재생 특별회계 등 주거환경 개선을 위한 예산 편성도 늘렸다. 중학생 무상교복과 교육환경 개선 사업도 반영시켰으며 에너지 기금을 늘리는 등 에너지 자립에도 주안점을 뒀다. 이밖에 여성과 아동 및 보육을 위해 경력단절 여성 보조금 지원 및 보육환경 개선을 위한 예산을 늘렸다. 또한, 남경필 지사의 역점 사업인 일하는 청년 시리즈, 버스 준공영제도 통과시켰다.

진정성 담긴 예산을 보기 어려워

필자는 이번 예산 심의에 예결위원으로서 약 22조원의 내년도 예산을 들여다 보니 경기도가 예산 편성에 얼마나 진정성을 담았는지 의문이 들었다.

특히, 예산의 대부분이 관행적 계속사업인 점을 보며 철학의 부재를 느꼈다. 더구나, 새 정부의 정책 기조에 맞춰 기존 사업에 대한 검토와 신규 사업에 대한 논의가 부족하다는 점은 커다란 아쉬움으로 남는다. 하물며 남 지사가 야심차게 추진한 일자리 70만개, 따복사업, 에너지 2030 등 주요 사업조차 해당 예산이 극히 미미한 수준으로 의원들 사이에서는 시늉만 내는게 아니냐는 지적도 있었다.

물론, 집행부로서 행정의 안정성과 신뢰성을 고려해 신중을 기하고 기존 사업의 지속성을 유지해야 한다. 하지만, 도정의 혁신을 꾀하고 도민의 어려운 민생을 보살피기 위해서는 시스템을 바꾸려는 철학이 있어야 한다. 그 철학의 주체가 집행부이며 그 결과가 예산이다. 도지사와 도의회는 이를 도와주는 조력자에 불과할 뿐이다. 집행부의 주체적인 고민과 노력이 필요한 대목이다.

철학이 담긴 시스템 만들어야

예산은 무엇보다 소통과 관계다. 이는 시스템을 통해 완성된다. 먼저, 도의회의 예산 심의 기능을 강화해야 한다. 내년 지방분권 개헌으로 자체 세원 조달 및 예산 편성권이 크게 늘어날 경우 지금과 같은 예산 심의 역량으로는 집행부의 예산 편성을 제대로 감독하지 못하기 때문이다. 이를 극복하기 위해 예결위 상설화에 대한 논의를 다시 시작해야 한다. 예결위 상설화에 대해서는 슈퍼 상임위, 옥상옥 상임위 등의 이유로 반대가 많으나 이는 각 집행부별 예산 총지출한도(실링) 심의 중심으로 해법을 찾아 나갈 수 있다. 미국 등 여러 선진국이 이를 채택하고 있다. 예결위 상설화는 예산 거버넌스를 활성화 시켜 주민참여예산제도를 제대로 정착시킬 수 있도록 한다. 이는 예산 편성 권한을 시민에게 돌려 준다는 철학에도 부합된다. 이와 동시에 상임위가 개별 집행부의 예산 편성 단계에서부터 세부 항목들을 함께 검토해야 한다. 그래야 불필요한 증액이나 신규 등이 발생하지 않는다.

지방분권의 핵심 내용은 크게 자치 입법권, 자치 재정권, 자치 조직권으로 구성된다. 이처럼 지방정부가 독자적인 입법 시스템에 따라 재정권을 확보하기 위해서는 무엇보다 조직권을 우선적으로 독립할 필요가 있다. 이를 위해 의회가 지방 장관을 파견하는 등 지방자치제도가 현행 기관 대립형에서 기관 화합형 구조로 바뀔 필요가 있다. 그래야 집행부가 올바른 철학을 세우고 예산 편성과정에 의회와 소통을 강화할 수 있다.

- 〈경인일보〉 기고, 2017. 12. 26.

청년 일자리,
주4일 근무제로 가능

지난 주 필자가 속한 경기도의회 경제과학기술위원회는 약 2백6억원의 청년 일자리 추경예산을 삭감했다. 남경필 지사는 삭감 소식에 귀를 의심하지 않을 수 없다며 서운함을 드러냈다. 그럼에도 예산을 심의하는 의회입장에서 보면 남 지사가 제출한 청년 일자리 추경은 허술하기 짝이 없다. 더구나, 앞으로 10년간 6천억원이 넘는 천문학적 예산이 들어가는 사업을 의회와 전문가 등과 단 한마디 상의 없이 진행한다는 것은 쉽게 동의하기 어려운 대목이다.

애당초 남 지사가 제출한 '일하는 청년 시리즈'사업은 중소기업의 미스매칭 해소를 목적으로 설계됐다. 청년 실업률은 증가하는데 정작 중소기업은 사람을 못 구하는 미스매칭은 오래된 난제다. 특히, 제조업은 인력 부족에 시달리며 대책 마련을 호소하고 있다. 이에 정부와 경기도는 다양한 해법을 내놓고 있지만 실효성이 떨어진다는 지적을 받고 있다.

"청년이 살아야 중소기업이 살아"

해법은 복잡하지 않다. 저임금·장시간 노동을 해소하면 된다. 그런데, 중소기업 경쟁력이 문제다. 임금을 올리자니 이윤이 떨어지고 노동시간을 줄이자니 생산성이 떨어진다. 특히, 대기업과 거래하면서 작은 나사 하나의 원가조차 다 공개해야 하는 처지에서 수익률 향상을 기대하는 것은 불가능하다.

중소기업이 최저임금 인상과 노동시간 단축에 반대하는 이유다. 그 결과 청년 실업률 증가와 중소기업 경쟁력 악화가 반복되는 악순환이 벌어진다.

이런 악순환을 끊기 위한 대안이 주4일 근무제다. 주4일 근무제는 일자리를 나누기 위한 시간제 정규직으로 이미 주요 선진국에서 시행하고 있다. 네덜란드는 1982년 바세나르 협약을 통해 50% 수준에 머물던 고용률을 75%까지 끌어 올렸다. 독일과 스위스 등도 이런 시간제 정규직으로 실업률을 해소하고 있다. 이처럼 주4일 근무제는 근로자 입장에서는 삶의 질을 개선하고 사회적으로는 실업률 개선에 도움이 된다.

하지만, 노동시장을 안전하고 질 높은 남성 위주의 일자리와 불안정하고 질 낮은 여성 일자리로 이원화시키고 청년과 저학력자가 피해를 보는 우려도 있다. 특히, 임금 삭감 등 노동자의 소득 감소는 주4일 근무제 도입에 최대 걸림돌이다.

따라서, 주4일 근무제의 도입을 위해서는 정부가 나서서 노동자의 소득 감소를 상쇄시켜줘야 한다. 사회적 급여를 늘리고 노동자 복지를 강화해 실질소득 감소가 최소화되도록 해야 한다. 그래야 노동계도 불가피한 소득 감소를 받아 들이고 일자리 나누기에 동참할 수 있다.

사용자 입장에서도 주4일 근무제를 채택할 수 있도록 해야 한다. 추가 인력 채용에 따른 인건비 상승분에 대한 인건비 지원해야 하며 주4일 근무제 기업 대상 시설개선을 크게 늘려야 한다. 나아가, 대-중소기업 동반상생 모델로 공정혁신 등 생산성 향상을 유도해야 한다. 무엇보다 저임금·장시간 노동을 구조적으로 만들어낸 대-중소기업 거래 관계를 뜯어 고쳐야 한다.

주4일 근무제, 청년 살리는 '전태일 정책'

정치는 한정된 자원을 어떻게 배분할지 따지는 상상력의 영역이다. 정책은 이를 뒷받침하는 수단이다. 노동정책 역시 다르지 않다. 오히려 노동정책이야 말로 그 어떤 분야보다 상상력이 필요한 정책이다. 남 지사가 제출한 '일하는 청년 시리즈'사업이 성공하려면 우선 근본 원인에 대한 상상력이 필요하다.

청년 소득과 중소기업 경쟁력 향상이라는 두 마리 토끼를 잡기 위해서는 노동시간 단축과 대-중소기업 생태계의 혁신을 이뤄내야 한다. 경기도가 시범적으로 주4일 근무제를 도입하고 그에 따른 성과를 평가한 후 민간 기업으로 확산하기 위한 제도적 접근이 필요하다. 지난 5월 경상북도가 산하 기관에 주4일 근무제를 도입하고 비정규직을 정규직으로 전환하겠다고 발표했다. 또한, 주4일 근무제로 발생하는 잉여예산으로 채용을 늘릴 예정이다.

주4일 근무제 도입 기업도 늘고 있다. 지난해 한화종합화학이 주4일 근무

제로 경영위기를 넘겼으며 화장품 기업 ㈜에네스티는 2010년부터 주4일 근무제를 도입해 높은 성과를 내고 있다. 그럼에도, 주4일 근무제는 아직 노·사 모두에게 낯선 정책이다. 고용축소형 기술혁명으로 불리는 4차 산업혁명에 대비하기 위해서라도 주4일 근무제에 대한 공론화가 이뤄져야 한다.

– 〈경인일보〉 기고, 2017. 9. 7.

'보편적 복지'는
구조조정 성공의 전제조건

한국은 독일 등 서유럽 국가들이 20세기초 도입한 복지제도를 1990년대에 본격적으로 시작했다. 산업화 시기 국가주도형 발전 전략에 눌려 복지에 대한 기본 논의조차 없었다.

1997년 외환위기 속에 출범한 김대중 정부는 경제성장과 사회복지의 선순환을 강조하는 '생산적 복지'를 채택했다. 당시 경제위기 속에 대량 실업이 발생하자 사회적 안전망이 필요했던 것이다. 김대중 정부는 경제위기 극복과 사회 안전망 구축이라는 두가지 대립적 정책 목표를 달성해야 했다.

'생산적 복지'는 앤서니 기드슨의 「제3의 길」에서 차용한 것으로 전통적인 복지국가의 한계를 뛰어넘어 성장을 촉진하자는 의도다. 전통적 복지국가는 취약계층의 생계 보조를 넘어 일반 국민의 노동력 재생산 과정에 개입하는 일정 수준의 보편적 복지 제도를 갖춰야 한다. 한국은 이 과정을 생략한채 '생산적 복지' 대열에 합류한 것이다.

구조조정으로 복지수요 늘듯

최근 조선업을 중심으로 한국 산업 구조조정이 본격화되고 있다. 이에 따라 복지수요는 더욱 늘 전망이다. 그에 따라 '보편적 복지'논쟁이 다시 커질 가능성이 높다. '보편적 복지'는 자산조사와 빈곤층에 대한 표적화 없이 모든 시민을 조건 없이 아우르는 정책을 의미한다.

김대중 정부의 뒤를 이은 노무현 정부는 2006년 '사회투자전략'을 제시했다. 인적 자본과 사회적 자본에 대한 투자를 늘림으로써 국민의 경제참여를 늘려 일자리와 경제성장을 이루겠다는 것이다.

사회투자전략은 영국 사회학자 테일러 구비에 의해 제창됐는바, 복지를 경제적 부담이 아닌 사회적 투자로 인식한다. 사회투자전략은 전통적 복지국가의 내용을 유지하면서 새로운 사회위험에 대응하여 '적극적 복지국가' 방향을 제시하고 있다. 따라서, 테일러 구비는 한국에서 사회투자전략이 성공하기 위해서는 대규모 증세가 필요하다고 주장한다.

한국은 낮은 조세 부담률과 사회지출 예산으로 인해 복지 기반이 턱없이 낮다. 2014년 기준으로 복지 지출액이 10.4%로 OECD 평균(21.6%)에도 못 미친다. 또한, 복지국가를 가능케 하는 조세 부담률도 OECD 평균(25.8%)보다 훨씬 뒤처지는 17.8%다.

가족 구조의 변화, 여성의 사회 참여 증가, 세계 최저의 출산율, 초고령 사회 등으로 복지 수요가 다변화되고 있다. 이에 대응하는 장기적 복지계획이 필요한 시점이다. 특히, 근로빈곤층에 대한 사회안전망 확대가 필수다. 이와 함께 공교육비 지출이 세계 최저를 기록할 만큼 교육복지가 뒤쳐져 있다.

복지국가를 위한 증세논의 시작돼야

지금까지 한국의 복지 모델은 성장지상주의에 밀려 제대로 논의조차 못했다. 이에 더해 안보이념까지 더해지면서 복지 정책을 좌파정책으로 몰아 붙여 보편적 복지를 불온시(?)하기에 이르렀다. 나아가 복지실현에 필수적인 증세는 시민의 부정적 인식을 등에 업고 논의조차 못하고 있다.

H. 윌렌스키는 "복지국가가 성장을 촉진하고 복지국가의 우수한 경제적 성과의 원인이 사회적 합의 기구의 제도화와 높은 사회 지출에 있다"고 지적했다. 이처럼 성장을 위해서도 지출에 대한 사회적 합의를 이끌어 내야 한다.

아울러, 취약한 노동자 권익을 향상시켜야 한다. 한국은 노동조합 조직률이 10%에도 못 미친다.(OECD 평균 17%) 나아가 12%에 불과한 단체 협상 사회적용률로 사회적 연대가 제대로 이뤄지지 않고 있다.(OECD 평균 60%) 이는 고용불안과 저임금으로 이어져 생산-소비의 선순환을 불가능케 하고 복지재원 조달의 어려움이라는 악순환에 빠져 있다.

따라서, 성공적인 구조조정과 지속적인 성장을 위해서도 '보편적 복지'가 선행돼야 한다. 동시에 사회투자 정책을 논의해야 한다. 이를 위해 증세는 필수다.

– 〈중부일보〉 기고, 2016. 5. 17.

광복 70주년,
김포의 미래는 남북경제협력특구

70년전 우리는 일제로부터 해방을 맞았다. 모두 다 완전한 자주독립국가의 새 시대가 열릴 것이라 기대하며 희망에 부풀었다. 하지만, 미·소의 분할 통치로 민족의 분단도 시작됐다. 우리 에게 8월 15일은 해방의 기쁨과 동시에 비극의 출발점인 셈이다.

5년 뒤 벌어진 6.25 전쟁은 우리 민족에게 커다란 생채기를 남겼다. 300만 명의 인명 피해는 물론 전 국토가 파괴됐다. 무엇보다 남북 모두 서로에게 증오와 미움만을 심어 놨다. 지금도 군사적 대치가 여전하다. 지난 해 보수단체의 대북 전단 살포 때 북한이 고사포를 쏜 일이 있다. 서해교전, 연평도 포격 등을 비롯해 남북 군사충돌이 잦아지고 있다. 이처럼 전쟁은 현재진행형이다.

하지만, 무슨 일이 있어도 전쟁을 끝내야 한다. 우리 민족의 생존이 달려 있기 때문이다. 휴전을 종전으로 바꾸고 평화협정을 맺어야 한다. 무엇보다 북한을 끌어 안아야 한다. 따라서 대북 전단 살포나 애기봉 등탑 등 남북을 긴장시키는 일은 하지 말아야 한다. 또한 중단된 남북 교류를 하루빨리 복원해야 한다. 핵문제와 남북 경제협력을 분리해 교류를 넓혀야 한다. 그래야 북한의 변화를 이끌어 낼 수 있다. 그 결과 남북이 신뢰를 쌓고 통일로 나아갈 수 있다.

해방과 비극의 시작 8.15

전쟁은 김포를 직접적으로 위협하고 있다. 지역 발전은커녕 재산권 행사도 못하고 있다. 김포 전체 면적(276.64㎢)의 82%가 군사보호구역으로 묶여 있다. 문짝 하나 마음대로 바꾸지 못하는 실정이다. 남북 문제가 김포에 최대 현안일 수 밖에 없는 이유다. 이제는 김포에 대한 새로운 전망을 내놔야 한다. 그 중심에 남북 경제협력이 있다.

2007년 남·북정상은 '서해경제특별구역'을 선포한바 있다. 해주와 개성, 파주, 김포를 묶어 평화와 경제협력을 강화하자는 것이다. 경기도 역시 이를 적극 환영하며 한강하구 공동개발과 물류기지 건설 등을 적극 추진하자고 발표했다. 지난해에는 개성과 김포를 잇는 '한강평화로' 건설 계획을 내놓고 정부에 관련 예산을 요청한바 있다.

최근 체결한 한·중 FTA는 개성공단 제품을 한국산으로 인정한다. 한·미 FTA, 한·EU FTA도 마찬가지다. 이처럼 개성공단은 우리에게 경제적 이익을 주며 남북경제협력의 핵심적 역할을 맡고 있다. 더불어 경기도 서·북부권이 다시 주목받고 있다. 개성공단에서 생산된 제품이 육로를 통해 인천으로 바로 연결할 수 있고 배후기지로서 역할을 하고 있기 때문이다. 국회에서 논의중인 통일경제특별구역 지정에 관한 법률도 경기 서·북부권을 대상 지역으로 한다. 이같이 경기도 서·북부권은 우리 민족의 운명을 짊어진 곳이다.

김포, 남북경제협력특구의 중심

남북경제협력특구는 우리에게 엄청난 이득을 준다. 연구에 따르면 100만 평의 특구 조성시 약 9조 2천억원가량 생산이 발생하며 7만3천명의 일자리가 생기는 것으로 나타났다. 북한은 전 국토에 걸쳐 총 6,984조원(남한의 약 24배)의 광물자원이 있는 것으로 알려졌다. 우리가 전량 수입에 의존하는 아연, 동, 인회석이 풍부하며 철광석은 304조원으로 국내의 상당부분을 충당할 수 있는 규모. 특구를 통해 지하자원을 들여온다면 엄청난 경제적 이익을 준다. 이처럼 남북경제협력특구는 '통일 대박'을 터뜨리는 곳이다.

현재 우리는 FTA 등으로 경제적 영토를 넓혀 놨다. 북한의 노동력과 한국의 자본과 기술이 합쳐 이 기회를 살려야 한다. 나아가 북한을 국제경제의 일원으로 참여시키기 위해서도 남북경제특별구역이 조성돼야 한다.

통일 전 서독은 통일을 위해 정치와 경제적 접근을 달리 했다. 서독은 경제적으로는 동독과 최소한도의 역내교역(Interzonenhandel)을 유지함으로써 통일을 향한 가능성을 열어났다.

우리도 독일의 경우처럼 경기도 서·북부권을 남북경제협력특별구역으로 지정해야 한다. 이와 더불어 세제 혜택과 자금 지원 등으로 기업들을 유치해야 한다. 또한 각종 기술 지원과 물류망 등 인프라 구축에도 적극 나서야 한다. 그 중심에 김포가 있다.

– 〈김포신문〉 기고, 2015. 8. 19.

김준현의 손

지은이 | 김준현
펴낸이 | 이상용
기획·편집 | 스토리기획피뢰침
일러스트 | 권세혁
디자인 | 이인선

출판등록 | 제2018-000063호
이메일 | mind@mindcube.kr
전화 | 마케팅 031-945-8046(팩스 031-945-8047)

초판 1쇄 발행 | 2019년 6월 17일
ISBN | 979-11-88434-17-6 (03340)